© Hiltraud Peterova

Patricia Schröder, 1960 geboren, lebt mit Mann, zwei Kindern und einer Hand voll Tiere an der Nordsee. Sie hat Produktdesign studiert und arbeitet seit einigen Jahren als freie Autorin. Zuerst schrieb sie satirische Beiträge für den Funk, später Texte für Anthologien. Inzwischen hat sie zahlreiche Kinder- und Jugendromane veröffentlicht. Mehr Informationen zur Autorin gibt's im Internet: www.patricia-schroeder.de

In der Reihe *generation* ist von Patricia Schröder bereits der Roman »Scheiß Glatze, ich lieb dich« (Bd. 80417) erschienen. Weitere Bücher sind in Vorbereitung.

Unsere Adresse im Internet: www.fischergeneration.de

Zwischen Hölle und Himmel Kamala wünscht sich nur eins: Liebe. Doch stattdessen gerät sie immer tiefer in einen Sog aus Sex, Gewalt und Drogen. Dann wird sie schwanger. Von der Mutter verstoßen und von ihrem Typ missbraucht, weiß sie nicht wohin. Lebensmüde irrt sie durch die Stadt – und wird zur Lebensretterin eines kleinen Jungen. Kamala beginnt, über sich und ihre Zukunft nachzudenken. Und begreift, dass dieses neue Leben in ihr auch eine Chance bedeutet.
Schonungslos und einfühlsam erzählt Patricia Schröder in diesem unter die Haut gehenden Mädchenbuch von Gewalt und ihren Folgen – und von der Kraft der Liebe.

Patricia Schröder

Zwischen Hölle und Himmel

Fischer Taschenbuch Verlag

generation
Herausgegeben von Eva Kutter

Originalausgabe
Veröffentlicht im Fischer Taschenbuch Verlag,
einem Unternehmen der S. Fischer Verlag GmbH,
Frankfurt am Main, November 2004

Lektorat: Ilona Einwohlt
Satz: Pinkuin Satz und Datentechnik, Berlin
Druck und Bindung: Clausen & Bosse, Leck
Printed in Germany
ISBN 3-596-80495-7

Nach den Regeln der neuen Rechtschreibung

November

Was willst du von mir?
Warum hast du dir nicht ’ne andere ausgesucht? Wieso ausgerechnet mich? Ich tauge nicht als Mutter.
Verdammte Scheiße!
Aber vielleicht sind diese blöden Tests ja Müll. Hoffentlich. Dann wärst du nicht rosa oder blau, sondern bloß ein kurzer heftiger Panikanfall.
Ich raffe alles zusammen und schmeiße es in den Plastikeimer unterm Tisch. Und obwohl der schon überquillt, stopfe ich noch eine angeschimmelte Bananenschale und eine paar Tage alte Pappschale Ex-Currywurst oben drauf. Damit Mutter das mit den Tests nicht checkt. Ich wette die rastet aus, wenn sie wüsste …
Ich könnte heulen. Aber ich kann nicht.
Bestimmt ist es gar nicht wahr.
Scheiß Tests.

Ich fahre zu Ronny. *Aber dem erzähle ich kein Wort von dir.* Ich bin ja nicht bekloppt. Der schmeißt mich sofort raus. Besonders jetzt, wo Lila bei ihm ist.
Gegen die kann ich nichts machen. Die hat Ronny total durchgequirlt. Keine Ahnung, wie sie das gemanagt hat. Auf jeden Fall hat sie’s und *deshalb kann ich dich sowie-*

so nicht gebrauchen. Wenn ich zu fett bin, fasst Ronny mich gar nicht mehr an. *Also verpiss dich einfach wieder. Ja, das ist der größte Gefallen, den du deiner Mutter tun kannst.*
Mutter. Pah!
Hast du vielleicht mal in den Kalender geguckt? Mein Geburtstag ist im August. Dann werd ich volljährig.
Ich brauche Ronny und kein Baby.

Natürlich ist Lila bei ihm. Und obwohl ich's gewusst habe, haut es mich um. Es ist jedes Mal das Gleiche.
»Moment noch«, sagt Ronny. »Setz dich doch solange in die Küche.«
Er hat die Zimmertür nur einen Spalt geöffnet, aber der ist breit genug. Ich sehe, wie Lila auf seinem Bett sitzt und raucht. Sie hat große Titten. Logisch, dass er darauf steht.
Lila lächelt mir zu.
»Die sieht das nicht so eng«, sagt Kalle in der Küche zu mir. »Und an deiner Stelle würd ich's auch nicht tun.«
»Ich liebe ihn«, sage ich.
Kalle zuckt die Schultern. »Da drauf kommt's nicht an.«
»Worauf dann?«
»Auf den Sex.«
Als ob ich nicht gut genug wär. Dabei mach ich doch alles, was Ronny will. Sogar hinten rein. Obwohl es mich ankotzt.
»Es kommt wohl drauf an«, sage ich.
Sonst täte ich das doch alles überhaupt nicht.
Kalle stöhnt. Seine langen blonden Haare sind fettig. Wahrscheinlich hat er seit Tagen nicht geduscht. Die Küche ist

genauso siffig. Noch viel schlimmer als bei uns zu Hause. Essen könnte ich hier nicht. Aber wenn ich bei Ronny bin, essen wir auch nicht. Dann haben wir anderes zu tun.
Kalle schlurft zum Kühlschrank, öffnet das Eisfach und stochert mit einem Brotmesser darin herum. Ein kleines Alupäckchen fällt auf den Boden.
Schweigend seh ich ihm zu. Wie er sich wieder hinsetzt, die Folie auseinander pult und die Pillen rausholt. Ich hab noch nie eine genommen. Und ich mach's auch jetzt nicht.
»Mann, das hilft«, sagt Kalle.
Nicht gegen Lila.
»Du wirst richtig geil«, sagt Kalle.
Er grinst. Seine Zähne sind ganz braun. Ich weiß, er steht auf mich. Aber ich find ihn zu eklig. Außerdem liebe ich Ronny. Ich brauche ihn. Sonst würd ich das mit Lila gar nicht aushalten. Oder wenn er tagelang weg ist, ein Auto in den Osten verschieben.
Ich hasse das. Tagelang allein und die ganze Zeit über Schiss. Ich kann dann einfach nicht in meinem Zimmer hocken und warten.
Und dann halte ich es doch aus.

Ich bin ganz klein. Meine Füße reichen nicht mal bis zur Mitte der Matratze. Es ist dunkel und ich habe Durst. Ich strampel die Decke weg und lasse mich durch das offene Gitter auf den Boden rollen.
Es ist anstrengend aufzustehen. Ich kann das noch nicht besonders lange.
Wenn es nicht so dunkel wär ... Manchmal brennt ja das kleine Licht auf ihrem Nachttisch.

Ich sehe überhaupt nichts. Aber ich weiß ungefähr, wo die Tür ist.
Dort, wo das Grunzen herkommt.
Manchmal grunzt es, bis es wieder hell wird. An solchen Tagen hat Mama schlechte Laune. Sie pennt nur oder sitzt vor dem Fernseher und es gibt nichts zu essen.
Ich fühle die Tür, doch ich komm nicht an die Klinke.
»Mama«, sage ich leise.
Es ist das erste Wort, das ich kann. Es kam eines Tages einfach so aus meinem Hals. Sie hat gelächelt. Und danach hab ich es immer wieder probiert.
Mama. Mama. Mama.
»Halt die Klappe!«, hat sie gesagt und nie wieder gelächelt.
Bis heute nicht.
Mama ist ein unnützes Wort.

»Das hat mit dir gar nix zu tun«, sagt Ronny später, als wir in seinem Zimmer sind. »Das ist doch bloß Sex.«
»Wir haben auch Sex«, sage ich.
Ich bin wütend. Aber ich hab ja nur ihn. Besser, das mit Lila ist nur Sex, als Sex und Liebe.
»Lila sieht das überhaupt nicht eng«, sagt er, schiebt mein Hemd hoch und knetet meine Brüste.
Nee, die hockt jetzt bei Kalle in der Küche und weiß genau, was Ronny und ich machen.
»Sie findet dich putzig.«
»Und du?«
»Ich finde dich auch putzig«, sagt Ronny.
Er grinst und schubst mich aufs Bett. Dann zieht er mir den Slip aus.

Deswegen trag ich immer nur Röcke. Einmal hatte ich den langen an. Einen aus dem Asienladen. Den hat Ronny mir besorgt, ohne zu bezahlen natürlich. Das war vor zwei Monaten. Wir sind durch die Stadt gelatscht und ich hatte keine Unterhose an.

Mit Absicht. Aber nicht weil ich das so geil fand, sondern weil Mutter mich mal wieder angemacht hat. Wegen der Schminke und so.

»Was kann ich denn dafür, dass Ronny das gut findet«, hab ich gesagt.

Sie hat gelacht und geflucht. Und dann hat sie gesagt:

»Ich weiß schon, warum ich dich so genannt habe. Kamala …«

Natürlich hat mich da die Wut gepackt. Das ist nämlich das Einzige, was schön ist an meinem Leben. Dieser Name. Und ich hab immer gedacht, dass sie ihn mir deswegen gegeben hat. Weil er gut klingt. Und weil ihr das Buch so gut gefallen hat. Hesses *Siddartha.* Obwohl sie eine Hure ist, die Kamala.

Ich bin keine Hure. Ich bin mit Ronny zusammen. Ich liebe ihn und es macht mir Spaß, wenn ich ihm gefalle. Was soll daran so schlimm sein?

Ich penn doch nicht mit jedem. Schon gar nicht für Geld. Aber sie macht es. Mutter. Sie lässt sich nämlich was geben dafür. Und wenn so ein Typ bloß eine Weile bei uns wohnt und den Kaffee und das Bier bezahlt.

Als wir an der Bushaltestelle standen, hab ich es ihm zugeflüstert. Ronny, ins Ohr. Dass ich unter dem Rock nichts anhab. Der hat mich nur noch gepackt und hinter sich hergezogen. Gleich um die Ecke ist ja der Park gewesen. Und dann ging er ab wie eine Rakete.

Kann sein, dass du da bloß drauf gewartet hast. Scheiße! Wo willst du denn wohnen? Auf meiner Matratze ist kein Platz. Außerdem schlägt Mutter mich tot. Oder Ronny. Ich will dich nicht!

Sie hockt mit Kalle in der Küche und wirft gleich drei Pillen auf einmal rein. Natürlich ist Ronny sauer, weil die Teile so teuer sind. Und ich freu mich, dass Lila eins drauf kriegt von ihm.

»Wenn der Daimler weg ist, hast du doch wieder Kohle«, sagt Kalle.

»Worauf du dich verlassen kannst«, sagt Ronny. »Da hol ich ’n paar Dinger ganz für mich allein.«

»Mach mal«, sagt Kalle und lacht sich halb tot.

Ronny nimmt sich ein Bier und guckt finster vor sich hin. Es ist nie gut, wenn Kalle mehr intus hat als er. Ronny findet so was ungerecht. Er denkt immer, dass er zu kurz kommt. Dabei ist das alles Quatsch. Er hat es besser als die meisten. Er ist ein richtiges Glanzstück. Deshalb lieb ich ihn ja auch so.

Ich lehn mich an seine Schulter und streichel ihm den Arm. Aber er schüttelt meine Hand ab. Na ja, blöd von mir. Schließlich weiß ich, dass er Nähe nicht abkann, wenn er bluesy ist.

»Ach, Mensch, Ronny«, sagt Lila und schiebt sich auf seinen Schoß.

Sie guckt mich kurz an, die alte Hexe mit ihren braunen Augen, die so grünlich schimmern, als säß eine fette Kröte darin.

Dann küsst sie Ronny und zerrt an seinen blonden Locken und er lässt sich das gefallen.

»Ich penn heut hier«, sag ich.
»Tust du nich«, sagt Ronny.
»Lass sie doch«, sagt Kalle. »Dann kann sie ’n bisschen aufräumen. Ne, Kamie, machst du doch?«
Ich schüttel den Kopf. Ronny nennt mich nie Kamie. Dabei klingt es irgendwie gut. Wenn Kalle das sagt, fühl ich mich sogar ein bisschen zu Hause in dieser Drecksbude. Mehr als bei Mutter. Die hängt jetzt bestimmt wieder vor der Glotze und hat ihre erste Flasche Wein leer.
Das kotzt mich an, dieser Alkohol. Das ist irgendwie noch viel schlimmer als die Pillen.
»Ich find das scheiße, was du da machst«, sagt Kalle. Er starrt Ronny an und kichert zuerst und schreit dann »Ey!«, als der nichts sagt. »Kamie könnte doch bei uns wohnen.«
»Kann sie nicht«, sagt Ronny. »Sie ist erst siebzehn.«
»Na und«, sag ich. »Meine Alte interessiert das sowieso nicht.«
Die motzt sowieso immer nur rum. Das einzig Gute ist, dass ich da mein eigenes Zimmer hab und es nicht ganz so siffig ist. Wenn Ronny mich hier ließe, dann würd ich auch sauber machen. Bestimmt.
Lila öffnet sein Hemd und macht an seinen Brustwarzen rum.
»Du stinkst«, sagt sie. »Komm, lass uns duschen gehen.«
Sie steht auf und zieht ihn vom Stuhl hoch.
Ronny geht einfach mit.
»Wieso macht er das?«, frage ich.
Meine Augen brennen. Dann heul ich los. Ich kann nichts dagegen tun.

»Er meint das nicht so«, sagt Kalle. »Er hat mich auch schon beschissen.«
Ja klar, aber er meint das nicht so.
»Ronny hatte ein richtiges scheiß Zuhause«, sagt Kalle. »Aus dem hätte total was werden können, wenn sein Alter nicht abgehauen wäre.«
»Meiner ist auch abgehauen«, sage ich.
»Das ist Pech.« Er rückt zu mir rüber mit seinem Stuhl und legt mir den Arm um den Hals. »Ach, Kamie, du bist so eine Gute, und der Ronny, der weiß das auch, aber der schnallt das irgendwie nicht. Der nutzt dich bloß aus.«
»Tut er nicht«, sage ich. »Würd er nie tun.«
Und dann heule ich noch mehr. Ich heule eine richtig große Pfütze auf den schmierigen Küchentisch.
Kalle drückt mich an sich. Oder umgekehrt. Ich weiß es nicht mehr. Jedenfalls knutschen wir plötzlich. Und ich denke, das ist vielleicht sogar gut, wenn Ronny das mal sieht. Dann weiß er endlich, wie das ist.
Aber er kommt natürlich nicht. Duscht ewig lange mit Lila. Ich bin auch blöd.
Und dann denke ich nur noch an Kalles schwarze Zähne und den Schneidestummel oben links. In meinem Hals ist ein ekliges Gefühl.
Ich drück ihn weg und springe auf.
»'tschuldigung, aber ich glaub, ich muss kotzen.«
Ich renn aufs Klo. Der Deckel ist hoch. Die Brille auch. Der Rand ist gelb gesprenkelt und die Fliesen dahinter genauso.
Pisse spritzt meterhoch, wenn man im Stehen pinkelt. Hab ich mal im Fernsehen gesehen.
Mein Magen dreht sich um und ich reiher alles raus. Aus

einem Meter Höhe. Das meiste landet in der Schüssel. Was danebengeht, putze ich mit Klopapier weg. Hinterher ist es sogar sauberer als vorher.

Kotzschlecht ist mir immer noch.

»Ich fahr jetzt nach Hause«, sage ich, als ich in die Küche zurückkomm.

»Nee, nee«, sagt Kalle. »Bleib mal hier. Ich hab was für dich.«

Neben meiner Heulpfütze steht ein Glas, halb voll mit Wasser.

»Lass mal«, sag ich. »Das bringt auch nichts.«

»Für den scheiß Geschmack im Hals«, sagt Kalle.

Er zieht mich auf seinen Schoß und will mich wieder küssen. Aber ich sage:

»Hör auf. Ist doch scheiße, wenn ich das Gleiche mache wie Ronny.«

»Ja, das ist scheiße«, sagt Kalle. »Leider.«

Er zuckt die Schultern und lässt mich los.

Ich nehme das Glas und trinke. Mir wird ganz heiß um die Ohren.

»Was ist das denn?«

Ich fange an zu husten und stelle das Glas auf den Tisch zurück. Kalle klopft mir auf den Rücken.

»Korn«, sagt er.

»Ich trink nichts Hochprozentiges, das weißt du doch.«

»Hat doch bloß 32. Das ist gar nichts.« Er hält mir das Glas wieder hin. »Los, trink. Dann kann Ronny nachher auch nichts sagen, wenn du nicht nach Hause fährst.«

Ich glotz ihn an und weiß, er hat Recht. Ich werd mich besaufen. Total besaufen. Dann kann ich hier bleiben und Lila muss weg.

Hoffentlich wird dir richtig schlecht. So schlecht, dass du gehst. Alkohol bringt dich um. Muss einfach.

Aber am nächsten Morgen bist du noch da.
Ich brauch keinen von diesen beschissenen Tests dafür. Ich spür das einfach.
Ich hab nicht viel Platz. Nicht in mir drin. Und nicht auf der Matratze. Mein Knie ist total kalt. Mein ganzer Körper fühlt sich an wie Blei und in meinem Kopf tobt die Hölle.
Gleich neben mir liegen Ronny und Lila und ficken.
Echt, ich glaub's nicht! Die ficken, obwohl ich daneben liege.
»Scheiße!«, brülle ich los. So laut, dass mir fast der Schädel platzt.
Ich hämmere mit den Fäusten auf Ronnys Rücken rum.
»Hört auf! Sofort aufhören!«
»Zicke«, sagt Lila und guckt mich an mit ihren großen grünschimmerigen Hexenaugen.
Plötzlich ist mir klar, dass die mich fertig machen will. Vielleicht ist sie ja doch heiß auf Ronny. Ich mein, so richtig. Dass sie mit ihm zusammen sein will. Und dann knallt irgendwas in mir durch. Ich packe ihre lange lila Seitensträhne und zerre wie an einer Rübe, die aus der Erde muss.
Lila schreit wie eine Irre. Ronny springt auf und fasst mich an den Armen. »Bist du jetzt total übergeschnappt oder was?«
»Die soll dich in Ruhe lassen«, brülle ich. »Ich bin schwanger.«
Jetzt hab ich es doch gesagt. Und für ein paar Sekunden ist es total still im Zimmer.

Ronny starrt mich an. Sein Blick aus den schönen grauen Augen, die mir eigentlich so vertraut sind, ist kalt und fremd.

»Wo ist das Problem?«, sagt er.

Der Schmerz, der seit dem Aufwachen in meiner Brust ist, wird unerträglich. Er ist wie ein Felsen, der in der Mitte auseinander reißt.

»Du bist ein Arschloch!«, schreie ich.

»Und wenn's von Kalle ist«, sagt Lila.

Sie zieht Ronny an den Haaren zu sich hinunter und steckt ihre gierige Zunge in seinen Mund.

Ich fange an zu heulen, und das ist immer das Ende. Dann kann ich nichts mehr machen. Fühle mich klein und blöd. Und nervig.

»Geh weg«, sagt Mutter. »Ich will dich nicht. Ich kann dich jetzt nicht gebrauchen.«

Sie ist riesig groß. Ich reiche ihr bis zum Oberschenkel. Klammere mich an ihrem fleckigen Bademantel fest. Mein Bein tut wahnsinnig weh. Ich bin vom Stuhl gefallen und mit dem Knie auf einen Holzbaustein gefallen.

»Ich hab keine Zeit für so was. Du bringst mich nochmal um den Verstand mit deiner Flennerei.«

Doch ich lass nicht los. Ich will, dass sie mich hochnimmt. Nur für ein paar Sekunden. Und mich tröstet.

Sie öffnet meine Fäuste – der Bademantel rutscht weg – und ich fliege in die Zimmerecke.

Später habe ich die Zähne zusammengebissen und meine aufgeschlagenen Knie und verknacksten, angeschwollenen Füße selbst versorgt.

Einmal musste der Notfallwagen kommen. Ein älterer

Junge aus der Nachbarschaft hatte mich von einer Mauer gestoßen, weil er fand, dass es seine war. Ich war direkt auf meinen verdrehten Arm gestürzt. Er musste geschient und gegipst werden. Und meine Mutter hat mir noch im Krankenhaus, als mal keiner im Zimmer war, so eine gescheuert, dass mir das Trommelfell riss. Seitdem höre ich links irgendwie dumpf.

Das Heulen konnte ich trotzdem nicht sein lassen.
Auch jetzt nicht.
Mutter ist mal wieder Alk kaufen. Ich schließe mich in meinem Zimmer ein und flenne auf der Matratze vor mich hin. Viel zu spät fällt mir ein, *dass du auch noch da bist. Dass du mir zuhörst. Alles mitkriegst. Jedes Zucken, jedes Schluchzen, jeden Fluch, diesen Felsen auf meinem Herzen.*
Die Faust, die meinen Unterleib trifft, krieg ich gar nicht richtig mit, auch den Schmerz nicht. Ich schlage immer wieder zu. Immer schneller. Immer fester. Es ist, als ob ich gar nicht in mir wäre. Ich hab meinen Körper verlassen. Stehe am Fenster und schaue auf die Straße hinaus. Sehe den Spielplatz mit den rostigen Spielgeräten. Die kreischenden Kinder. Die Türkinnen mit ihren Kopftüchern. Eine Frau mit einem Hund, der eine Blume anpinkelt.
Und schlage dich.
Damit du weißt, worauf du dich einlässt.

Weil ich auf Ronny, den Scheißkerl, sauer bin und Mutter mir mit ihrem blöden Gehabe um den neuen Typen (Marke unrasiert, Kettenraucher und dazu voll cholerisch) auf den Keks geht, geh ich am nächsten Tag mal wieder zur

Schule. Seit über zwei Wochen war ich nicht mehr dort. Gestern Nacht hat Mutter diesen Typen mitgebracht. Ich kann es einfach nicht ertragen, wenn einer in der Wohnung ist.

In der dritten Stunde ist Mathe. Zur ersten hab ich es nicht geschafft. Aber ich guck mir diese Geo-Kacke nur neun Minuten an. Dann hab ich die Schnauze voll. Ich packe mein Mathezeug zusammen und geh nach vorne, während der Tomptzick noch erklärt.

»Soweit ich mich erinnere, haben Sie mich nicht gefragt, ob Sie zur Toilette dürfen, Kamala«, sagt er hinter mir her.

»Ich geh nicht aufs Klo«, sage ich. Da hab ich die Hand schon auf der Klinke. »Ich geh nach Haus.«

»Du musst es ja wissen. Du bist nicht mehr schulpflichtig.«

Eben.

Außerdem muss ich jetzt zu Ronny. Ich bin gestern den ganzen Tag ohne ihn gewesen. Sauer hin oder her. Ich halt es einfach nicht aus ohne ihn. Scheiß auf Lila. Scheiß drauf, dass er'n Scheißkerl ist.

»Was willst du?«, begrüßt er mich. »Ich hab heute den Job.«

»Ist Lila weg?«, frage ich.

»Ja.« Er guckt mich an.

Ich trag nur das Miedertop, das meine Titten so hochdrückt, und den Rock ohne Unterhose.

»Komm rein«, sagt er. »Kalle pennt noch.«

Er knallt mich direkt auf dem Küchentisch.

»Bist du wirklich schwanger?«, fragt er hinterher.

»Quatsch«, sage ich. »Bin ich nicht. Hab ich bloß so gesagt.«

Ronny kneift die Augen zusammen. Dann grinst er.

»Wegen Lila, nicht?«

Ich nicke.

»Hast wohl gedacht, ich lass sie dann, was?«

Ich starre auf den Boden, auf diesen ganzen angetrockneten Küchenmist, den wochenlang keiner weggemacht hat, und nicke wieder.

Plötzlich schäme ich mich für diesen ganzen Dreck. Und dass ich so lebe.

Ronny geht zum Kühlschrank, greift ins Gefrierfach und schaufelt 'n ganzen Haufen Tiefkühlschachteln auf den Boden.

»Bist du bescheuert!«, sage ich.

»Ich lieb dich«, sagt Ronny, während er mit dem Küchenbeil das Eis abhackt. »Du musst das verstehen.«

»Was?«, frage ich.

Das hat er noch nie gesagt. Auf einmal ist mir ganz schwindelig im Kopf. Und das mit Lila egal. Er liebt mich, hat er gesagt.

»Aber Lila ist einfach geil.«

»Ja«, sage ich. »Versteh ich schon.«

Ich versteh im Moment alles. Weil Ronny bei mir ist. Und weil er ›ich lieb dich‹ gesagt hat. Ich heb sogar die Tiefkühlschachteln auf, nachdem Ronny sein Pillenpack rausgestochert hat. Ohne dass er was sagen muss.

»Bist ein gutes Mädchen. Das weiß ich besser als Kalle. Und wenn du ihn noch einmal knutschst, dann dreh ich dir den Hals um.«

Ich bin total happy. Es ist wie fliegen. Abheben. Alles ist unwichtig.
Okay, er findet Lila geil. Egal, soll er doch. Das geht vorbei. Mich liebt er. Nicht sie. Sie kriegt ihn nicht. Und außerdem zählt sowieso nur der Augenblick. Alles davor und danach hat überhaupt keine Bedeutung.
Nach der Pille küsst Ronny mich. Ich schmiege mich in seinen Arm. Für ein paar Sekunden ist es der absolute Wahnsinn. Wenn ich ihn so spüre, dann weiß ich, dass ich mir keine Gedanken machen muss, dass das mit uns für immer und ewig ist. Fürs ganze Leben. Dann kann ich atmen, dann gibt es keine Enge mehr in meiner Brust.
»Sag so was nie wieder«, sagt Ronny.
»Was?«
»Das mit dem Baby.«
Er boxt mir in den Unterleib.
Ich halte die Luft an, damit ich nicht zusammenzuck. Er soll bloß nicht misstrauisch werden.
»Na ja«, sagt Ronny. »Sonst kommt es eben weg.« Er streicht mir über die Haare und lächelt. »Ich kenn 'ne Menge Leute. Das ist nicht mal teuer.«
Dann drückt er mich plötzlich zur Seite. »Ich muss jetzt los.«
»Warum nimmst du mich nicht mit?«
»Geht nicht.«
Ich hänge mich an seinen Arm. »Warum nicht?«
Ronny schüttelt mich ab. »Jetzt spinn nicht rum. Du warst noch nie mit. Außerdem ist es viel zu anstrengend für 'ne Frau.«

Vielleicht war's, weil er einfach so entschieden hat. Normalerweise käm ich gar nicht auf die Idee, ihm hinterher zu spionieren. Trotz Lila und so.
Jedenfalls fahr ich nicht nach Hause, sondern geh ins *La Poême*. Das war früher mal total edel. Nur für Schickimickis. Mit Gesichtskontrolle und allem Drum und Dran. Aber das hat sich ganz schnell geändert. Jetzt hängt hier jeder ab und du kriegst alles, was du willst.
Nachmittags ist es noch ruhig. Ich hock mich an die Theke und bestell mir einen Kaffee. Die Kohle hab ich aus Mutters Schublade. Ich finde, das ist sie mir schuldig. Von irgendwas muss ich ja leben. Ich trink den Kaffee so lange, bis man ihn mit einem Eiswürfel nicht mehr kälter kriegen würde. Die Tante hinterm Tresen guckt schon ganz schräg. Soll sie. Ich kann schließlich nicht draußen in der Kälte rumstehen und warten.
Abends wird's voller und ich trink noch ein Bier. Bis alles verqualmt und laut ist und die Tante den Überblick verloren hat.
»Was ist?«, fragt mich ein Typ mit blondem Pferdeschwanz.
Er ist derb im Gesicht. Und seine Augen sind irgendwie kalt. Ich hab ihn schon öfter hier gesehen. Und ich weiß, dass er voll auf »H« ist und sich mit Ex aufmischt, wenn er was zum Knallen sucht.
»Was soll sein?«
»Du bist doch die, mit der Ronny zusammen ist.«
Ich frag mich, was den das angeht. Was es ihn überhaupt interessiert.
»Und?«, sage ich und trinke mein Bier aus.
»Der geht jetzt mit Lila.«

Es ist ein Stich ins Herz, obwohl es ja nichts Neues ist. Aber wenn ein Fremder es so sagt ... Ich fühl mich total doof. Trotzdem mach ich auf cool. Der soll bloß nicht denken, der kann mich fertig machen.
»Und?«
Er fasst mich im Genick. »Na, wenn du's schon weißt.«
»Und?«
Ich versuche mich zu entwinden, aber sein Griff ist ganz schön hart.
»Du hängst dich an den Falschen.«
»Was geht dich das an?«
Plötzlich lässt er mich los. Seine Hand liegt warm auf meiner Schulter. Seine Finger streicheln meinen Hals.
»Du könntest auch mit mir ...«
»Du spinnst doch.«
»Ich hätte auch nichts dagegen.«
Er drückt mich gegen die Wand. Ich könnte schreien. Aber das interessiert hier sowieso niemanden. Besser also, ich red weiter mit ihm.
»Was meinst du?«
»Na, dass du noch weiter mit ihm rummachst. Wenn du ab und zu ein paar Scheinchen bringst.«
»Was für Scheinchen?«
Ich schiebe meine Arme zwischen uns und versuche ihn mit den Ellenbogen wegzudrücken.
Er hebt das Kinn und guckt mich von oben herab an. »Jetzt tu mal nicht so. Du weißt es genau.«

Luis ist dreizehn, als er mich fragt, ob er mich nach Hause bringen darf.
»Wieso nicht«, sag ich und tu so cool wie nur was.

Ich bin zwölf und könnte sterben vor Stolz. Er hat mich gefragt. Nicht Melanie, die Schöne, die Reiche, die schon mal geküsst hat. Mehr als einmal.
»Ich mag dich«, sagt er, als wir bei den Müllcontainern stehen.
Es stinkt, aber das spielt keine Geige.
»Du bist anders. Nicht so zickig. Irgendwie echt.«
Er legt den Arm um meinen Hals und ich drücke mich an ihn.
Ich fühle mich ausgesaugt wie ein Schwamm.
Und ich küsse ihn, als ob danach die Welt stehen bliebe.
Die Ohrfeige kommt wie aus dem Nichts. Ich hab überhaupt nicht gehört, wie sie sich angeschlichen hat. Luis kriegt auch eine. Und der fängt prompt an zu heulen und rennt weg. Ich heule nicht.
»Flittchen!«, keift meine Mutter. »Taugst zu nix. Zu gar nix. Ich weiß schon, warum ich dich so genannt hab.«
Luis hat Kamala nie wieder angeschaut.

»Lass mich in Ruhe!«, schreie ich.
Aber ich hab ja gewusst, dass es niemanden interessiert.
»Ich könnt es natürlich auch melden«, sagt er kalt. »Die Bullen sind immer dankbar für ein paar Tipps.«
»Dann tu's doch!«
»Wenn du es nicht anders willst.« Er weicht einen Schritt zurück. »Morgen früh um fünf … Ich weiß, was da läuft.«
Ich könnte ausrasten.
»Warum gehst du nicht gleich zu Ronny?«, zische ich. »Und lässt mich in Ruhe.«
»Weil ich dich da rausholen will. Aus der Scheiße. Sonst

landest du noch im Knast.« Er streckt seine Hand aus und streicht mir mit der Kuppe seines Zeigefingers über die Wange. »Ich mag dich nämlich. Ich mag dich echt.«
Seine Finger stinken nach drei Tage nicht gewaschen. Was weiß ich, was der alles damit gemacht hat ... ölige Pommes gefressen, gewichst, sich den Arsch abgeputzt.
Mir steigt der Ekel hoch. Aber ich muss jetzt cool bleiben, wenn ich Ronny helfen will. Ich starre den Typ an und überlege fieberhaft. Doch schon bald ist mir klar, dass ich gar keine Wahl hab. Allerhöchstens kann ich Zeit schinden.
»Okay«, sage ich also. »Ich komme wieder ...«
Seine Fingerkuppe wandert nach unten. Dorthin, wo das Schlüsselbein anfängt. Ich weiß nicht viel von Knochen, Bio und der ganze Dreck hat mich nie interessiert, aber das Schlüsselbein hab ich mir mal gebrochen, als mich so ein Typ, der meine Mutter besucht hat, aus dem Zimmer geschubst hat.
Plötzlich legt er seine ganze stinkende Hand auf meinen Hals und drückt mich gegen die Wand.
»Plus tausend.«
»Was?«
»Was wohl?«
»Euros?«
»Als Anzahlung.« Er grinst. »Oder besser, als Liebesbeweis.«
Er presst seine Nase so fest auf meine, dass es schmerzt. Ich stöhne leise und versuche nicht in seine Augen zu gucken. Aber das ist unmöglich. Ich kann nicht anders, ich muss sie anstarren, diese grünlichen, wässrigen Dinger. Das Weiß ist von tausend roten Adern durchzogen, das

rechte Lid verdeckt die halbe Iris und zwischen den Wimpern hängen gelbe Krümel. Ein feiner schleimiger Faden zieht sich quer über das ganze linke Auge. Der Ekel würgt mich und presst meinen Kehlkopf hart gegen seine Hand.
»Klar«, krächze ich.
Ein Lächeln huscht über seine eingerissenen Mundwinkel.
»Gut.«
Seine raue, übel riechende Zunge leckt über meine Lippen. Dann lässt er mich los, packt mich am Arm und schubst mich in Richtung Ausgang.
Ich renne ein Stück den Bürgersteig entlang. Dann habe ich meinen Magen nicht mehr unter Kontrolle. Ich stütze mich mit einer Hand an einer Hauswand ab und kotze auf den Boden.

Ich bin so wach wie nur was. Total aufgedreht, abgekaspert, weiß nicht, was ich mit der restlichen Zeit anfangen soll. Seit einer Stunde renne ich vor Ronnys Wohnung auf und ab. Mir ist total kalt. Ich bibber und klapper und dann fängt es auch noch an zu schneien.
Und immer diese schmierigen Wasseraugen. Wie eine fette Kröte, die nur darauf aus ist, den andern die Fliegen vorm Maul weg zu schnappen.
Kann ich nicht endlich mal an was anderes denken?
Wahrscheinlich erst, wenn Ronny kommt. Wenn ich ihm endlich alles erzählt habe. Der wird mit diesem Ekeltypen schon fertig werden. Und er wird mich mitnehmen, wenn er hört, dass der mir auf der Pelle hockt.
Meine Finger sind kalt wie Eiszapfen. Am liebsten würd ich klingeln. Aber dann ist Ronny bestimmt sauer, weil

ich ihn früher geweckt hab als nötig. Schließlich hat er nachher 'ne Mammutstrecke vor sich. Da muss er einigermaßen fit sein. Und ich will ja auch nicht, dass ihm was passiert. Ich kann ohne ihn gar nicht mehr leben.

Und dann geht die Tür endlich auf.
»Ronny!«, rufe ich, aber er hört mich nicht, meine Stimme ist schon ganz eingefroren.
Und irgendwie ist es auch ein Glück. Er ist nämlich nicht allein. Er ist mit Lila.

Dezember

Drei Wochen lang tu ich nichts. Geh nicht weg. Räum das Zimmer nicht auf. Rede nicht. Seit Ronny mit Lila gefahren ist. Anstatt mit mir. Mutter ist schon ganz rammdösig.

»Du gehst nicht eher raus, bis das hier in Ordnung ist, du Schlampe.«

Sie steht in der Tür und sieht selber scheiße aus. Faltig und grau. Und angezogen ist sie auch noch nicht. Hat wohl mal wieder lang gedauert, die letzte Nacht.

Hure.

Aber das würd ich ihr nicht sagen. Das nicht.

»Verpiss dich!«, sag ich stattdessen.

Und zieh mir die Decke über den Kopf. Sie pestet schon nach Schweiß, Zigarettenqualm von nebenan und dem Schimmel, der von den feuchten Wänden kommt und überall hinkriecht. Aber das ist mir egal. Wenn Ronny anruft, ist alles wieder normal.

Das versprech ich dir. Ich bin sonst nicht so.

Ich war nie so.

Ich wollte bloß hier raus. Und ich dachte, Ronny gibt mir 'ne Chance. Kapierst du, ich hatte nie die Möglichkeit, anders zu sein.

Nur mit Ronny. Aber er will mich nicht mehr. Seit drei

Wochen ist er nur noch mit Lila. Irgendwann muss er doch genug von ihr haben. Es kann gar nicht anders sein. Und dann holt er mich hier raus. Und ich bin endlich frei.
Er weiß doch, dass ich ohne ihn verrecke.
Er wird kommen.
Und ich kann ihm endlich von dem Krötentyp erzählen.
Du bist der Einzige, der weiß, warum ich hier ohne Ronny nicht raus kann. Du hast ja alles mitgekriegt, was sich abgespielt hat im La Poême.
Mutter reißt mir die Decke weg.
»Steh endlich auf. Du stinkst.«
»Du stinkst doch selber!«, brülle ich. »Du bist doch schuld an der ganzen Scheiße!«
Natürlich knallt sie mir eine.
Ich will dir das nicht antun.
Mutter packt mich am Arm und zerrt mich aus dem Zimmer. Den Flur lang. Sie stößt mich so ins Bad, dass ich gegen das Waschbecken donnere. Und schließt ab.
Ich fange an zu heulen. Hab schon gar nicht mehr gedacht, dass das noch geht.
Tagelang flennen, irgendwann muss man doch leer sein.
Willst du so eine Mutter, die immer nur heult?
Ich bring mich sowieso um, wenn Ronny nicht wiederkommt.
Oder dich.

Eine ganze Stunde hocke ich auf dem Boden im Bad und starre auf den Sekundenzeiger der grünen Plastikuhr an der Wand über der Wanne. Mutter muss immer wissen, wie spät es ist. Dabei tut sie fast nichts. Außer alle paar

Wochen zum Sozi latschen und denen Geld ableiern. Meistens hat sie damit sogar Erfolg.
Ich könnte das nicht.
Ich kann eigentlich überhaupt nichts.
Der große Zeiger wandert von Schwarzstrich zu Schwarzstrich. Der Kleine von der Elf auf die Zwölf.
Ich steh nur auf, weil mir der Arsch wehtut. Sonst wär ich sitzen geblieben, bis Mutter wieder aufgemacht hätte. Irgendwann muss sie schließlich selber mal duschen.
Ich male Kringel in die Staubschicht auf dem Wandschrank. An einer Ecke, da wo man aufmachen muss, weil der Griff ab ist, löst sich schon das Furnier. Ich fange an daran herumzupulen. Reiße Stück für Stück ab.
Darunter ist der Schrank auch kackbraun, nur ohne Holzmuster.
Wie kann man bloß so hirnlos sein und sich einen kackbraunen Badezimmerschrank anschaffen!
Den hat sie nämlich nicht geschenkt gekriegt. Nee, den hat sie auf dem Sperrmüll gefunden.
»Guck mal, toll nicht?«
Ich seh noch, wie sie vor mir stand und gestrahlt hat wie ein Honigkuchenpferd. Stolz wie Oskar, die alte Kuh.
Stundenlang hat sie dran rumgeschrubbt. Und das heißt schon was. Sonst ist Putzen nicht unbedingt ihre Stärke. Meine auch nicht. Aber das ist okay, finde ich. Ich muss ja für niemanden sorgen.
Am liebsten würd ich den Schrank anmalen. Einfach bunt. Oder Gelb. Sonnengelb. Das ist meine Lieblingsfarbe. Malen finde ich sowieso gut. Früher hab ich das manchmal stundenlang gemacht und alles um mich herum vergessen.

Was ist eigentlich deine Lieblingsfarbe?
Ach, scheiße, wen interessiert das?
Ich drehe den Heißwasserhahn auf, warte, bis es richtig dampft. Erst dann tu ich den Stöpsel rein.
Ich zieh mich aus und werfe die Klamotten unters Waschbecken. Meinetwegen können sie da vergammeln.
»Kamala?«, ruft Mutter von draußen.
Aber jetzt will ich nicht mehr raus.
»Lass mich in Ruhe. Ich will baden.«
»Dein Klassenlehrer ist hier.«
Ist mir doch egal. Dann sieht er wenigstens mal, wie schrottig ich lebe.
Sie dreht den Schlüssel rum.
»Der soll abhauen!«, schreie ich.
»Er sagt, sie schicken die Polizei.«
»Erzähl doch keinen Stuss. Ich muss nicht mehr zur Schule, das weißt du genau.«
Das mit dem Wegau ist bestimmt 'ne Lüge. Sie lügt immer, wenn ich nicht mach, was sie will. Das ist ihre Strategie.
Ich hab eine andere.
Ich sammle die Spucke im Mund, ziehe sie durch die Zähne.
Dann geht die Tür auf und ich rotz ihr alles ins Gesicht.
Danach schleuder ich die Tür wieder zu und schmeiß mich dagegen.
»Wenn du mich nicht endlich in Frieden lässt, bring ich dich um!«
Aber zuerst bist du dran.

Als die Wanne ungefähr halb voll ist, hört das Wasser auf zu dampfen. Hastig drehe ich den Hahn zu.

Das Bad ist total vernebelt.
Ich setze den rechten Fuß ins Wasser. Es ist die Hölle.
Der linke geht schon leichter. Das Wasser reicht mir bis zu den Waden. Mein Herz rast. Die ganze Hitze steigt mir in den Kopf.
Und trotzdem, ich hab keine Wahl.
Ich muss dich überzeugen.
Es gibt andere Mütter für dich. Bessere. Du hast die freie Auswahl.
Ich gehe in die Hocke und lasse mich langsam ins Wasser gleiten.
Für mich ist es schlimmer als für dich. Jedenfalls am Anfang. Bis es keinen Unterschied mehr gibt. Bis es tief in mir drin genauso heiß ist wie auf meiner Haut.
Ich stelle mir vor, dass meine Organe brennen. Alles ist glutrot. Dann fängt die Gebärmutter Feuer.
Ich spüre, dass du dich wehrst.
Warum bist du nur so hartnäckig?
Glaub mir, überall ist es besser als bei mir.
Ich kann dich nicht lieben. Ich werde dich hassen.
Plötzlich ist es dunkel. Ich kann nicht mehr denken. *Und dann sehe ich dich. Klein und blond. Du trägst ein helles Kleid, das bis auf den Boden reicht. Hinter dir steht ein gewaltiger Engel.*
Er wird auf dich aufpassen.
Ich bin froh, dass du gehst.
Jetzt weiß ich, dass alles gut wird.
»Kamala!«, schreit Mutter.
Ich sehe ihr Gesicht im Nebel. Etwas zerrt mich nach oben.
»Bist du verrückt geworden!«

Mir ist total schwindelig. Ich kann nicht reden. Und ich mag es lieber, wenn es dunkel ist.
»Verdammte Scheiße, mach die Augen auf!«
Sie klatscht mir eine. Es tut weh. Aber es ist nicht so schlimm wie das Wasser.
Ich will dir doch nur noch einmal zuwinken.
Etwas schlägt schmerzhaft gegen meinen Oberschenkel, dann stürze ich nach unten. Ich spüre einen kühlen Luftzug und der Nebel verzieht sich.

»Warum hast du das gemacht?«
Mutter ist total hysterisch. Es ist der reinste Genuss. Ich bin so ruhig. Und sie dreht durch. Das liebe ich. Ein bisschen tröstet es mich sogar drüber hinweg, dass Ronny nicht kommt.
»Ich habe gebadet«, sage ich. »Mehr nicht.«
Ich hocke eingehüllt in Mutters seidigen Morgenmantel, den ihr mal irgend so ein Beknackter geschenkt hat und den sie nie anzieht, und sauge Eistee durch einen Strohhalm.
Luxus pur.
»Außerdem gefällt mir der Schrank nicht.«
»Der im Badezimmer?«
»Ja, dieser scheiß Schrank vom Sperrmüll. Der sieht total schrott aus.«
»Es ist mein Badezimmer«, sagt Mutter.
»Ach, dir gehört doch überhaupt nichts«, sage ich.
»Und du spuckst mich nicht nochmal an.«
»Leck mich doch.«
Ich lasse die Tasse auf den Boden fallen. Ein Fleck mehr auf dem grauen Billigteppich. Na und? Dann streife ich

das Seidenteil ab, öffne das Fenster und schmeiße es auf die Straße runter.
Mutter springt auf.
»Drehst du jetzt total durch, oder was?«
»Nee, du«, sage ich, gehe in mein Zimmer und schließe die Tür hinter mir zu.

Drei Tage später ist Ronny wieder da. Als er vor der Tür steht, ist Mutter gerade unterwegs.
»Ich hab dich vermisst«, sagt er. »Komm, wir gehen zu mir.«
»Bleiben wir zusammen?«, frage ich.
»Natürlich.«
»Und Lila?«
»Wer ist Lila?«, erwidert Ronny und lächelt.
Er sieht gut aus. Hat neue Klamotten. Das letzte Geschäft muss wirklich gut gelaufen sein. Ganz kurz denke ich an die Kröte. Aber der hat das bestimmt längst alles vergessen. Schließlich ist seitdem jede Menge Zeit vergangen. Ich bin nicht mehr im *La Poême* gewesen. Er wird sich eine andere Geldquelle gesucht haben. So einer, der so kaputt ist wie er, der kann gar nicht anders. Der braucht doch die Kohle, weil er sonst ganz einfach verreckt.
»Warte«, sage ich. »Hast du Geld?«
»Klar«, hat er und er gibt mir welches für drei Dosen Farbspray. Pink, Türkis und Sonnengelb.
»Kleine Abschiedsinszenierung für meine Mutter«, sage ich.
Der Schrank wird gelb – logisch. Die Badewanne auch. Der Spiegel türkis und pink gestreift. An die Wand sprühe ich bunte Kringel. Den seidigen Morgenrock, den Mutter

eigenhändig wieder von der Straße hochgeholt hat, lackiere ich ebenfalls. Mit dem Rest vom Pink schreibe ich auf den Fernseher: *Ciao Mutter.*
Ronny findet das klasse.
Er küsst mich immer wieder.
Und ich bin happy, so happy, so happy.

Die nächsten Tage sind traumhaft. Auch wenn es bei Ronny und Kalle noch siffiger ist als vorher. Die haben die ganzen drei Wochen keinen Handschlag getan. Genau wie ich.
»Unwichtig«, sagt Ronny. »Das machst du.«
Zuerst reg ich mich tierisch drüber auf. Aber dann finde ich es doch besser, wenn es ein bisschen sauberer ist. Beim letzten Mal auf dem Küchentisch hatte ich hinterher einen Flatschen Mettwurst auf dem Rücken kleben. Garniert mit Kalles Haaren.
Ich hab mich geekelt wie sonst was.
»Hättest du was dagegen, wenn Kalle mal zuguckt?«, fragt Ronny.
»Was?« Ich bin nicht sicher, ob ich ihn richtig verstanden habe. »Du meinst doch nicht, wenn wir …«
»Mein ich«, sagt Ronny und küsst mich. »Bitte!«, raunt er mir ins Ohr. »Das macht mich an. Und du wirst es nicht bereuen.«
Er steckt mir einen Fünfziger unters T-Shirt.
Der Stich in meiner Brust ist nur ganz leicht. Ich lasse nicht zu, dass er tiefer geht. Die Angst, dass Ronny mich wieder wegschickt, wenn ich nicht mache, was er will, ist so viel stärker.
»Und wenn ich nicht kann?«, frage ich.

Ronny grinst.
»Es genügt doch, wenn ich kann.«
Er schiebt die Hände unter mein T-Shirt.
»Du brauchst es ja nicht mitzukriegen.«
Das finde ich okay. Und heute ist Kalle sowieso nicht da. Er hat sich vorhin einen gezogen und ist dann auf Sauftour gegangen. Das dauert, bis der wieder brauchbar ist.
Wir gehen in Ronnys Zimmer und machen eine Flasche Rotwein auf. Er ist total zärtlich. Küsst mich ganz lieb, knabbert an meinem Ohrläppchen, drückt sein Gesicht in meinen Bauch.
»Und da ist wirklich keiner drin?«, fragt er.
»Nein«, sage ich.
Seit dem Bad bin ich mir da ganz sicher. *Ich hab doch gesehen, wie du gegangen bist.*
Ronny legt eine Hand auf meinen Unterleib. Dann stützt er sich plötzlich hoch. Es tut höllisch weh. Ich spanne die Muskeln viel zu spät an.
Er lacht. »Wie du guckst. Du müsstest dich mal sehen.«

Kalle bleibt ganze vier Tage weg. Es ist die schönste Zeit meines Lebens. Ronny ist total lieb. Wir gehen gar nicht aus der Wohnung. Essen, trinken, ficken.
Wenn er mal schläft, bringe ich die Bude auf Vordermann. Und es macht sogar Spaß. Nach drei Tagen ist die Küche schmier- und krümelfrei, alles glänzt, sogar die Armaturen im Bad, und den verpinkelten Kalkrand in der Kloschüssel habe ich auch weggekriegt. Ich glaube, nicht mal meine Mutter hat sich jemals so ins Zeug gelegt.
Du könntest stolz auf mich sein.
Ronny ist es jedenfalls.

»Kalle hat Recht, du bist ein Schatz«, sagt er.
»Hör doch auf mit Kalle«, sag ich. »Ich bin froh, dass er nicht da ist.«
»Ich auch«, sagt Ronny. »Der soll nämlich Kohle beschaffen.«
»Hast du nicht erst mal genug verdient?«
»Genug ist nie«, sagt Ronny. Er greift mir in die Haare und zieht meinen Kopf nach hinten über. Dann beißt er mir in den Hals. »Oder glaubst du, zugucken ist umsonst?«
Scheiße, ist mir schlecht. Der will seinen eigenen Kumpel ausnehmen!
»Du bist vielleicht ein Arschloch!«, brülle ich ihn an.
»Das will ich aber nicht hören«, sagt Ronny. »Nicht von meinem Schatz.«
Er hält mich immer noch an den Haaren.
»Oder willst du, dass der dich anglotzt, ohne dafür zu bezahlen?«
Ich will überhaupt nicht, dass er mich anglotzt.
Aber das sag ich nicht, weil ich weiß, dass Ronny dann gleich wieder sauer ist. Und deshalb sag ich lieber:
»Ist ja schon gut. Du hast ja Recht.«
»Gutes Mädchen«, sagt Ronny. Endlich lässt er meine Haare los. Dafür schlägt er mir ins Kreuz. »So muss das sein. Wenn du mich liebst ...«
»Klar, lieb ich dich.«
Es kommt wie ein Würgen. Von dem Schlag ist mir glatt die Luft weggeblieben.
»Dann kriegst du auch was.« Er lächelt und zieht eine kleine Zellophantüte aus seiner Hosentasche. »Was ganz Feines.«
In der Tüte sind kleine hellblaue Pillen.

»Ich nehm keine Chemiekacke«, sage ich.
»Stell dich nicht so an.«
Ronny nimmt so ein Ding aus der Tüte und legt es auf die Kuppe seines Zeigefingers. Er schlingt mir den Arm um den Nacken und zieht mich ganz nah zu sich heran.
»Ich nehm das auch. Das ist echt geil.«
»Was is'n das?«, frag ich. »Ecstasy?«
»Viel besser«, sagt Ronny, lutscht die Pille vom Finger und pult eine zweite aus der Tüte. »Na komm«, säuselt er und leckt mir über die Wange. »Nimm schon.«
Sein Finger mit der Pille ist direkt vor meinem Mund.
»Mach's Mäulchen auf.«
Mein Gott, was soll ich mich groß wehren? Irgendwie komm ich mir richtig blöde vor. Außerdem: Vielleicht ist das Zeug ja wirklich gut. Immer bloß Shit rauchen, bringt es eh nicht.
Ich kiff bloß, weil Ronny das tut. Schließlich kann ich ihn schlecht alleine auf die Trips gehen lassen. That's out of harmony.
Also schluck ich die Pille. Ich weiß gar nicht, wieso ich mich so lange dagegen gesträubt hab.
»Braves Mädchen.«
Ronny lässt seinen Finger in meinem Mund. Krault mir die Zunge. Die andere Hand gleitet über meinen Arsch in meinen Slip. Klar, dass er schon wieder will. Es macht ihn heiß, wenn ich ihm gehorche.
Mich irgendwie auch. Es ist total geil.
Und diese blöde Pille gibt mir den absoluten Kick. Ich hab Power ohne Ende. Und null Hemmungen. Ich tu Dinge, die ich mir vorher überhaupt nicht hätte vorstellen können. Aus der Chromstange an Ronnys Bett, die ich blank

gewienert hab, schießen Sterne. Und die Musik, die er anmacht, ist total krass. Als ob Farben sprühen.
Es ist das Beste, das ich je erlebt habe. Und ich wünschte, es könnte immer so sein.

Als ich aufwache, steht Kalle in der Tür. Er ist unrasiert, trägt keine Unterhose und hat einen Ständer.
Mit einem Ruck bin ich hoch, will die Tür zuschlagen.
»Lass den Scheiß«, sagt er und drückt dagegen.
Er ist ein Typ, er hat mehr Kraft als ich. Und erst jetzt checke ich, dass Ronny nicht da ist.
Mein Kopf dröhnt wie Hölle. Und mein Kreislauf ist total runter. Ich brech einfach vor Kalle zusammen.
Er hebt mich auf, trägt mich zum Bett und rammelt los.
Es dauert nicht lange.
Danach schlepp ich mich ins Bad und kotz das Klo voll.

»Hör auf zu heulen«, sagt Ronny später. »Alles halb so schlimm.«
»Hast du eine Ahnung.«
Er nimmt mich in die Arme, streichelt mich. Es tut so gut.
Und ich höre tatsächlich auf zu flennen.
Später gibt er mir hundert Euro. Ich nehme sie, aber ich kann Kalle nicht mehr in die Augen gucken.

Am nächsten Tag krieg ich Bauchkrämpfe. Dann kommen Blutungen. Ganz schwach nur. Aber immerhin. Ich habe meine Tage wieder.

Irgendwann, ich weiß nicht, nach wie viel Tagen, fühl ich mich besser.
»Geh mal raus«, sagt Ronny. »Du bist total käsig.«
»Im Winter ist man käsig.«
»Dann geh ins Sonnenstudio«, sagt Ronny. »Geld hast du ja jetzt.«
Ich war noch nie im Sonnenstudio. Und ich geh auch nicht. Ich besorg mir lieber Selbstbräunungscreme. Ronny merkt den Unterschied sowieso nicht.
Hundertfünfzig Euro hab ich. Ekliges Geld. Aber immerhin Geld.
Außerdem ist es keine Frage, dass ich eine Entschädigung brauche.
Auf dem Weg ins Einkaufszentrum komm ich am *La Poême* vorbei. Der Gedanke an die Kröte jagt mir einen Schauer über den Rücken. Vielleicht sollte ich Ronny doch von diesem Typen erzählen.
Nach vier oder fünf Wochen, nee, das ist ja Quatsch, sag ich mir. Da wird Ronny nur sauer, dass ich nicht gleich zu ihm gekommen bin.
Für ihn zählt nicht, dass ich an dem Abend da war und auf ihn gewartet habe, um ihm alles zu erzählen und dann mit ihm nach Polen oder Tschechien zu fahren. Wenn er hört, dass ich mich nur wieder wegen Lila angestellt habe und abgehauen bin, haut er mir womöglich noch eine rein.
Als Erstes kauf ich den Selbstbräuner. Von einer Edelmarke, damit es sich gut verstreichen lässt und bestimmt keine dunklen Schlieren gibt. Am längsten renn ich in der Schreibwarenabteilung rum, guck mir die Farben an und spiel mit den Stiften rum. Ich denke an früher. Kunst war mein Lieblingsfach. Auch wenn die Lehrerin,

die Rönnstedt, oder wie die hieß, 'n ziemliches Rad abhatte.
Fünfunddreißig Euros opfere ich am Ende. Für einen guten Malblock, Aquarellfarben, zwei Pinsel und einen Bleistift. Ronny wird mich für verrückt erklären. Am besten ich zeig's ihm gar nicht. Der Rest geht für einen superschönen Pulli im Inkamuster, eine Sonderangebotslederimitatjacke mit Kunstfellkragen und einen kleinen Plüschbären drauf. Den Bären schenk ich Ronny zu Weihnachten. Den kann er dann mitnehmen, wenn er auf Tour ist.
So viel hab ich noch nie kaufen können.
Ich fühl mich total reich.
Als ich an der Apotheke vorbeikomme, denke ich an dich.
Eigentlich müsste ich nochmal wieder einen Test machen. Zur Sicherheit.
Jetzt bin ich allerdings erst mal pleite.

Bis Ronny mit der nächsten Pille kommt. Diesmal gibt es nur 'n Fuffziger. Klar, diesmal war hinterher ja auch Kalle nicht dran.
Danach geh ich ins Sonnenstudio, die Creme bringt es eh nicht so.
Und dann hol ich mir den Test.
Du bist immer noch da.

Heiligabend steht Mutter plötzlich vor der Tür.
»Komm nach Hause«, sagt sie. »Ich will nicht allein sein. Nicht an diesem Tag.«
»Warum gehst du nicht in irgendeine deiner beschissenen Kneipen?«, sage ich. »Ich bin *hier* zu Hause.«

»Du hast mir die ganze Wohnung ruiniert«, sagt sie.
»Na und?«
»Du bist wirklich das Allerletzte.«
Sie dreht sich um und geht. Hoffentlich für immer.
»Woher weiß sie, dass ich hier wohne?«, will Ronny wissen.
Blöde Frage. Doch noch bevor ich überhaupt antworten kann, krieg ich schon eine geknallt.

Ich heul den halben Abend. Ronny ist stinksauer und haut ab, kommt aber nach einer halben Stunde wieder zurück. Ich hab eine Kerze angezündet, einen Tannenzweig daneben und den Plüschbären darauf gelegt.
»Was soll das?«, fragt Ronny.
»Es ist doch Weihnachten«, sage ich.
Er starrt auf die Kerze.
»Ich hab nix für dich«, sagt er und dann schnauzt er gleich los: »Wenn man verheiratet ist, kann man auch nicht gleich abhauen, wenn einem was nicht passt.«
Aber er!, denke ich und wische mir die Tränen aus dem Gesicht.
»Willst du mich etwa heiraten?«
Dann könnt ich vielleicht auch ein Kind haben.
»Bist du verrückt!«, sagt Ronny.

Am nächsten Tag fährt er wieder nach Tschechien. Den Bären nimmt er nicht mit.
Ich bin mit Kalle allein.
»Es tut mir Leid«, sagt er, holt ein Alupack aus dem Gefrierfach und dreht sich einen Joint.
Ich rauch nicht mit.

Ich hasse Drogen.
Außerdem ist mir dauernd schlecht.
»Es war nicht okay«, sage ich, ohne ihn anzuschauen.
»Und ich sag, es tut mir Leid.«
Ich glaub ihm sogar. Irgendwie ist Kalle ja auch bloß so ein armes Schwein. Einer, der nichts dafür kann.
»Ich bin schwanger«, sage ich.
»Du bist verrückt«, sagt er, und ich fange wieder an zu heulen.
Er schmeißt den Joint weg, bevor er ihn fertig geraucht hat.
»Sag bloß Ronny nichts.«
»Was soll ich denn tun?«
»Wegmachen.«
»Das ist nicht so einfach«, sage ich.
»Oder wegficken.« Kalle guckt mich an und grinst. Seine Augen sind rot. »Das geht. Im Ernst«, sagt er. »Hab ich mal irgendwo gelesen.«
Ich wusste gar nicht, dass er das kann. Lesen. In seinem Zimmer gibt es kein einziges Buch. Auch keine Zeitschrift.
»Das glaubst du doch wohl selber nicht, dass ich nochmal mit dir ...« Ich fange an zu schreien. »Du hast mich vergewaltigt!«
»Nee«, sagt Kalle. »Ich hab dafür bezahlt.«
»Ja, fürs Zugucken.«
»Nee, nee, fürs ...« Er macht eine Faust und schlägt damit dreimal schnell hintereinander in die Fläche der anderen Hand.
»Ronny ist ein Schwein«, sagt er dann. »Entschuldigung, aber's ist doch so.«

Ich springe auf und schlage einfach blind drauflos. Es ist mir egal, wo ich hin treff. Auf die Nase, die Schultern, die Ohren …

»Jetzt hör schon auf«, sagt Kalle.

Er versucht meine Arme zu schnappen. Aber das macht mich noch wilder. Irgendwann hält er nur noch seine Hände vors Gesicht und steht auf. Der Stuhl stürzt nach hinten um und Kalle flieht in sein Zimmer.

Als ich fertig geheult hab, weiß ich, dass er Recht hat.

Ronny ist ein Schwein.

Aber ich liebe ihn. Außerdem ist er alles, was ich habe.

Ich werde warten, bis er wieder da ist, und dann soll er entscheiden, was mit dir passiert.

Kalle lass ich jedenfalls nicht nochmal an mich ran.

Nachts hol ich mir ein paar Sachen aus dem Kühlschrank und zwei Tafeln Schokolade. Damit schließ ich mich in Ronnys Zimmer ein. Als Erstes ess ich den Quark. Er schmeckt ziemlich faul und ich stelle fest, dass er schon zwei Wochen abgelaufen ist. Aber egal. Irgendwie muss ich ja über die Runden kommen. Zum Glück wird Schokolade nicht schlecht. Jedenfalls nicht wirklich.

An einem Riegel Halbbitter lutsch ich fast ’ne viertel Stunde rum. Mein Magen knurrt wie Harry.

Irgendwann schlaf ich trotzdem ein.

Zwei Tage später muss ich es dann doch mit Kalle machen. Im Kühlschrank ist absolut nichts Brauchbares mehr. Er schafft nichts ran und ich bin völlig pleite.

Zuerst will er nicht, weil er nur noch zwanzig Euro hat.

»Dann eben nur französisch«, sagt er.

Aber das finde ich noch ekelhafter.
Außerdem – wenn wir es richtig machen, muss Ronny vielleicht doch nicht über dich entscheiden …
Ach, Scheiße, ich halt es einfach besser aus, wenn ich weiß, dass das der Grund ist. Nicht nur, weil ich Hunger hab.

Tatsache ist, ich halt es trotzdem nicht aus.
Hinterher heulen wir beide. Und ich kann ihn erst recht nicht mehr ansehen.
»Du bist blöd, weil du Ronny liebst«, sagt er.
»Und du bist blöd, weil du mich wie eine Hure behandelst.«
»Was soll ich denn machen?«, sagt Kalle.
»Und ich?«, brülle ich. »Was soll ich machen?«
Ich zieh mich an, nehm das Geld und geh in die Stadt. Am Hauptbahnhof hol ich mir drei Rosinenschnecken. Ich stell mich neben den Buchladen und futtere sie nacheinander weg.
Gleichzeitig ekle ich mich vor mir selber, weil ich nicht mal ein bisschen Hunger aushalte. Wenn Ronny wieder da ist, kann ich mich doch satt essen bis zum Anschlag.
Ich sehe, wie ein Mann auf ein Mädchen einquatscht. Sie sieht scheiße aus. Blaß mit dunklen Augenringen. Auf zehn Kilometer Entfernung riecht man, dass sie ein Junkie ist.
Zuerst schüttelt sie den Kopf. Aber sie ist nervös. Und dann geht sie doch mit ihm.
Ich will keine Hure sein.
Lieber sterb ich.
Ich werf den Rest der letzten Schnecke in den Mülleimer und drücke die Tür vom Buchladen auf. Eigentlich brauch

ich die Kohle für den Notfall. Aber als ich plötzlich das *Siddhartha* in der Hand halte, kauf ich es auch.

Acht Euro und ein paar Cent hab ich übrig. Ich schieb es unter die Matratze. Die Notfallkeksschachteln auch.
Natürlich fragt Kalle, ob ich was zu essen besorgt hab. Natürlich sag ich nein.
Wahrscheinlich dröhnt er sich die Birne zu und frisst dann die letzte Schokoladentafel auf. Die, die ich für Ronny lassen wollte. Damit er nicht denkt, wir leben total auf seine Kosten.
Jedenfalls schließ ich die Tür wieder ab, damit Kalle nicht einfach über mich herfällt. Vom Kiffen kriegt er immer Hunger.
Aber er lässt mich in Ruhe. Versucht nicht mal, ins Zimmer zu kommen. Manchmal hör ich, wie er im Flur rumschleicht.
Das Buch fass ich dann doch nicht an, weil ich plötzlich einen totalen Hass auf meine Mutter krieg. Stattdessen pack ich die Farben aus und fange an zu malen. Große Blumen und im Hintergrund wilde Muster. Irgendwie sieht's geil aus.
Zeigen würd ich's aber nie jemandem.
Die Bilder sind nur für mich. Ich pinn sie an die Wand gegenüber vom Bett. Da kann ich sie immer sehen, wenn ich aufwache. Dann ess ich ein paar von den Keksen und schau sie mir an und rede mir ein, dass das Leben doch irgendwie gut ist. Auch ohne Ronny.

Silvester ist er endlich wieder da. Mit einem Mädchen. Die ist vielleicht fünfzehn. Allerhöchstens.

»Du musst jetzt 'ne Weile bei Kalle wohnen«, sagt er.
Ich vergess glatt zu atmen. Dann krieg ich 'n Schreikrampf. Er bricht einfach so aus mir raus. Ich trommel auf Ronnys Brust ein, dann schmeiß ich mich auf den Boden und schlage um mich.
Das Mädchen quiekt wie blöd und schreit irgendwas auf Polnisch.
»Hör auf!«, brüllt Ronny. »Kamala, hör auf!«
»Letztens hatte sie schon mal so 'nen Anfall«, sagt Kalle. »Da hat sie auf mich eingeprügelt. Die ist nicht ganz dicht. Die kann nicht bei mir wohnen.«
»Du Arschloch!«, schreie ich.
Jetzt fehlt bloß noch, dass er Ronny auch noch erzählt, dass wir gefickt haben. Für zwanzig Eier. Dann bring ich ihn um. Das schwöre ich.
Ich robbe über den Boden und packe die Dreckspolin an den Fußgelenken. Ich ziehe mit einem Ruck und sie rauscht voll auf den Arsch. Natürlich jault sie total los. Und Ronny ist sauer, sauer, sauer. Aber das ist mir egal.
»Jetzt kannst du sie vögeln, du Schwein!«, kreische ich.
Ronny sagt überhaupt nichts. Er guckt mich nur an. Dann greift er mir in die Haare und zieht mich auf die Füße.
Hölle! Hölle! Hölle!
Ich brülle wie am Spieß. Kraft zum Um-mich-Treten hab ich leider nicht.
»In die Küche!«, ruft Ronny.
Ich renne, damit er nicht so ziehen muss, stoße blöderweise gegen den Küchentisch, stolpere, fall fast hin. Als er endlich loslässt, hält er ein ganzes Büschel Haare in seiner Hand.
»Komm schon, Kalle, zur Heizung mit ihr.«

Er packt mich unter den Achseln und schleift mich rüber zum Fenster.
Kalle steht in der Tür und glotzt nur blöd.
»Jetzt mach schon!«, schreit Ronny. »Hol ein Seil aus dem Schrank. Da, Kalle, Mensch, in dem Schrank ist doch dieses Seil. Jetzt beweg dich, die schlägt uns doch die Bude zusammen.«
Ich brülle immer noch. Immer mehr, immer lauter. Bestimmt hört das ganze Haus mit. Aber die halten alle still. Stecken sich was in die Ohren.
Wer soll mir schon helfen?
Die Haare und der Schmerz auf meinem Kopf sind nicht das, was wirklich wehtut. Ich weiß gar nicht mehr, warum ich Ronny so geliebt hab.
Und deshalb schrei ich, damit ich nicht heulen muss und nicht nachdenken, gar nichts mehr. Damit ich nicht mehr fühlen muss, dass ich noch irgendwie am Leben bin.

Ronny schlägt mir ins Gesicht. Er stößt mich gegen die Heizung, ich hab das Gefühl, mein Rücken bricht.
Draußen gehen die ersten Böller los. Am helllichten Nachmittag.
Die kleine Polin steht am Kühlschrank und schreit ebenfalls. Ich glaub, die kann nicht mal deutsch. Wie praktisch für Ronny, da muss er gar nicht groß mit ihr reden.
Mann, bin ich blöd gewesen!
Ich fange an zu lachen.
Es ist die pure Verzweiflung.
Und Ronny schlägt mir wieder ins Gesicht. Ich kann mich überhaupt nicht mehr bewegen, irgendwie haben die es geschafft, mich an die Heizung zu binden.

»Und jetzt nimmst du das, dann bist du nachher wieder in Ordnung.«
Ronny drückt mir seine Finger ins Kiefergelenk, damit ich den Mund aufmache.
Ich hätt's auch so getan. Was hab ich denn für eine Wahl? Er hat mir doch deutlich gezeigt, dass ich keine hab.
Die Pille schmeckt nach nichts. Ich schluck sie einfach runter.
»Du bist ein Arsch«, sagt Kalle schlapp.
Ronny sagt gar nichts, setzt sich einfach rüber an den Tisch und packt ein Bündel Kohle aus.
»Willst du nun in Ruhe Silvester feiern oder nicht?«
»Klar«, sagt Kalle.
»Und wie hätten wir das bei dem Geschrei hinkriegen sollen?«
»Was schleppst du auch immer andere Weiber an«, sagt Kalle.
»Das ist meine Sache«, sagt Ronny und steckt das Geld wieder ein. »Ich hol mal 'n paar Sachen für heute Abend.« Er steht auf und pikst seinen Finger auf das Brustbein von der Polin. »Und die da bring ich nächstes Mal wieder zurück, wenn es dich beruhigt.«
»Tut es nicht«, sagt Kalle leise, als Ronny längst aus der Wohnungstür ist. Er kommt zu mir rüber und tätschelt mir den Kopf. »Tut mir so Leid, Kamie, echt. Aber gegen Ronny biste machtlos. Der tut, was ihm passt. Und er ist ja auch immer da, wenn man ihn braucht.«
Kalle ist genauso bescheuert wie ich.
Aber nur bis morgen. Morgen ändere ich mein ganzes Leben. *Versprochen.*

Januar

Die Nacht ist cool. Die Heizung in meinem Rücken spür ich nicht mehr. Es ist, als ob ich schwebe. Völlig leicht. Völlig glücklich. Einfach so. Grundlos.
Ich bin allein. Draußen knallt's wie blöd. Ist ja auch Neujahr.
Neues Jahr. Neues Leben. Ich bin wie im Rausch.
Vielen Dank, Pille.

Irgendwann, es ist noch gar nicht wieder hell, ist es vorbei. Mein ganzer Körper schmerzt.
Ich fange an zu schreien, obwohl ich kaum noch Kraft habe.
»Mach mich los! – Mach mich los! – Mach mich los!«
Doch niemand kommt. Nicht mal Kalle. Von Ronny erwarte ich es ja schon gar nicht mehr.
Ronny ist dein Vater. Allein davon musst du doch eigentlich das Kotzen kriegen.
Stattdessen krieg ich es. Es kommt ganz plötzlich hoch und ich reihere mir voll auf die Beine.
Es sind die Kekse, die ich am Nachmittag gegessen habe, bevor Ronny wiedergekommen ist. Die Stücke rutschen in einer ekligen schleimigen Suppe langsam an meiner Jeans entlang nach unten. Es stinkt.

Ich fange an zu würgen.
Der Strick über meiner Brust drückt mir die Luft ab. Der an meinen Handgelenken schneidet mir rote Striemen in die Haut.
Ich würge und wimmere.
Sobald ich hier raus bin, werde ich Ronny anzeigen.
Wegen Drogenbesitz.
Wegen Menschenhandel.
Wegen Zuhälterei.
Wegen Foltern.
Ich mach ihn fertig, deinen Vater, das schwöre ich dir.
Vielleicht hetz ich ihm auch die Kröte auf den Hals.

Am dritten Januar hänge ich immer noch an der Heizung. Sobald ich anfange zu schreien, stopft Ronny mich mit Pillen voll. Ich hab ihn gefragt, wo er Neujahrsmorgen war. Er hat nur gesagt, dass mich das nichts angeht. Dann hat er die Blumenbilder geholt, die ich gemalt hab, und vor meinen Augen zerrissen.
»Bild dir bloß nix ein«, hat er gesagt. »Du bist ein jämmerliches Nichts.«
Die Pillen wirken verschieden. Manche machen mich rasend, manche ruhig. Oder ich werde geil und wünsche mir nichts sehnlicher, als dass Ronny kommt und mich vögelt. Meinetwegen festgebunden an der Heizung.
Aber er rührt mich nicht an.
»Du stinkst«, sagt er, in einem Moment, in dem ich mal nicht auf Pille bin.
Diesmal stopft er mir gleich drei auf einmal in den Mund. Ich spucke sie ihm vor die Füße.
»Ich bin nicht dein Versuchskaninchen!«, brülle ich.

Ronny haut mir eine.
»Du bist der letzte Dreck«, sagt er. »Wieso hab ich dich überhaupt geliebt, du Hure!«
Da ist mir klar, dass Kalle gequatscht hat.

Ich hatte das Gitterbett noch, als ich sieben war. Es war hellgrün lackiert, aber überall ging die Farbe schon ab. Und es war viel zu kurz. Ich hab mich immer klein wie ein Päckchen gemacht, damit ich nicht so eingezwängt war.
Richy, mit dem Mutter zwei Monate zusammen war, hat ein Seil drüber gespannt. Im Zickzack von einer Gitterseite zur anderen. Ich war tagelang gefangen und hab nur was zu trinken gekriegt.
Manchmal ist Richy gekommen und hat mir zwischen den Beinen rumgefummelt. Und als ich ihm dann noch versprochen hab, ihm den Schwanz zu lutschen, hat er mich wieder rausgelassen.

Wahrscheinlich hat Kalle es ihm schon erzählt, bevor Ronny überhaupt wieder aus Tschechien zurück war. Über SMS, Handy oder was weiß ich.
Dieser Idiot!
Er kommt schon gar nicht mehr in die Küche. Wahrscheinlich kann er es nicht ertragen, zu sehen, was er mir angetan hat. Es ist seine Schuld. Seine verdammte dreckige Schuld.
»Ich wäre verhungert!«, schreie ich Ronny an. »Ich hab es nur getan, weil ich sonst verhungert wäre.«
»Wärst du's doch«, sagt Ronny, klaubt die Pillen mit Staub und Dreck und meinen Kotzeresten vom Fußboden auf und stopft sie mir in den Mund. Diesmal drückt er

seine Finger nicht in mein Kiefergelenk. Ich könnte ihn beißen.
Wut genug hätte ich, um meine Zähne bis auf seine Knochen durchzuhauen. Aber ich habe Angst, dass mir die Kraft fehlt. Und dass er mich tot schlägt.
Also schluck ich die Pillen ohne das kleinste bisschen Widerstand. Irgendwann wird Ronny mich losmachen. Er kann mich ja nicht ewig gefangen halten.

Der Trip, auf den ich komme, ist ganz übel. Mein Herz jagt wie verrückt, ich höre sogar das Blut durch meine Adern rauschen. Und ich spüre jedes Organ. In meinem Kopf ist gleißendes Licht. So hell, dass der Schmerz fast unerträglich ist. Aber ich kann nicht schreien, nicht mal stöhnen. Alle Muskeln, über die ich sonst immer Kontrolle hab, scheinen nicht mehr zu mir zu gehören. Sie bewegen sich nicht. Mein Mund bleibt zu. Meine Kehle tobt trotzdem.
Aber es ist nur ein Würgen.
Immer dieses Würgen.
Zuerst kotz ich meinen Magen aus, dann Leber, Galle, Nieren.
Zum Schluss dich.
Es war also doch zu etwas gut.

Kurz bevor ich verdurstet bin, macht Kalle mich los.
»Hau bloß ab, bevor er wieder da ist«, sagt er.
Er wird dich fertig machen, denke ich.
Denn reden kann ich nicht mehr.
Kalle hält mir ein schmieriges Glas an die Lippen.
»Los trink!«, zischt er. »Beeil dich.«

Das Wasser fließt in meine Mundhöhle. Ich lasse es in den Hals runterlaufen. Schlucken tut einfach zu weh.
Ich fange an zu husten und davon platzt mein Schädel in tausend Teile.
»Komm, komm, mach!«, schreit Kalle.
Er ist total hysterisch.
Ich kann nicht.
Er zerrt an meinen Armen, zieht mich auf die Füße. Ich komme um vor Schmerz, falle gegen seine Schulter.
»Du musst jetzt laufen, Kamala, hörst du? – Verdammt nochmal! Hörst du mich?«, brüllt er direkt in mein Ohr.
Es ist ein Schock für meine Muskeln. Sie stehen stramm wie Soldaten. Ich kann mich alleine auf den Beinen halten.
Kalle schleppt mich zur Tür, schiebt mich raus.
»Morgen zeig ich ihn an. Wegen seiner Scheiß-Autoschieberei. Ich bin nur ein armer Kiffer, hab eh nix zu verlieren. Scheiße, verdammt, Kamie, ich weiß, du glaubst mir nicht, aber ich hab dich wirklich gern.«
Scheiße verdammt, ich weiß es doch.
Ich dreh mich um, obwohl jede Bewegung die absolute Hölle ist. Aber Kalle hat Recht, ich muss da jetzt raus. Da draußen ist es tausendmal besser als hier.

Ich schleppe mich bis zur U-Bahn. Die Leute starren mich an. Sie machen einen Bogen um mich. Keiner sagt was. Niemand kommt auf die Wahnsinnsidee, mir zu helfen.
Ich tät's ja auch nicht, im umgekehrten Fall. Und trotzdem nervt es tierisch.
»Glotzt doch nicht so blöde, ihr Scheißer!«, schreie ich ein paar Typen an.

Es tut so weh, dass ich zusammenbreche und auf die Knie falle.
Die Typen schütteln nur die Köpfe, murmeln irgendwelches Zeugs und drehen sich dann weg.
Plötzlich ist mir klar, in was für einer beschissenen Situation ich bin. Total kaputt, halb verhungert, verdurstet, keine Kohle, kein Zuhause.
Willkommen neues Jahr! Willkommen neues Leben! Ha!
Wenn ich nicht so fertig wär, würde ich mich jetzt Schrott lachen.
Stattdessen rappel ich mich auf und schleppe mich weiter. Obwohl ich keine Ahnung hab, wohin. Aber ich kann auch nicht einfach aufgeben.

Vor der Commerzbank ist ein Platz mit großen Beeten und Holzbänken dazwischen. Es ist kalt wie Arsch. Der Eiswind pfeift zwischen den Beetkästen durch. Und dann fängt es auch noch an zu schneien. Dünner länglicher Fiesschnee.
Aber wenn ich nur noch einen einzigen Schritt gehen muss, fall ich tot um.
Also setz ich mich auf eine der Bänke. Hock mich richtig zusammen. Leg die Arme um mich rum und starre vor mir auf den Boden. Wie der feuchte Schnee die Pflastersteine bedeckt. Dünn und dunkel.
Ich denke an meine Farben und an Hesses *Siddhartha*. Alles bei Ronny geblieben.
Aber was soll ich jetzt noch damit? Ich brauch's ja sowieso nicht mehr.
Lieber sitz ich bis in alle Ewigkeit hier auf der Bank. Die Schmerzen spür ich schon gar nicht mehr, weil die Kälte

viel größer ist. Und irgendwann ist auch sie nicht mehr da.
Es ist sogar warm. Warm und geborgen. Ein gutes Gefühl.
Vielleicht geht es dir genauso.
Wärme in der ganzen Kälte um dich herum.
Dann sterben wir jetzt eben beide.
Ist ja auch egal.
Vielleicht ist's sogar schön.

Die Schläge kommen wieder. Sie klatschen mir mitten ins Gesicht. Ich höre mich stöhnen.
Warum können wir nicht einfach tot sein.
»Wach auf, Mädchen!«, sagt eine raue Männerstimme. »Verdammt nochmal, wach auf.«
Es riecht sauer nach Wein. So wie Mutter manchmal. Und es riecht auch nach Schnaps.
»Du musst ins Krankenhaus«, sagt der Mann mit den Bartstoppeln, den wässrigen grauen Augen und der Narbe auf der Stirn.
»Muss ich nicht. Ich bin tot.«
Ich kann kaum die Lider oben halten.
»Ich lass dich nicht verrecken. Ich bin Wilmerscheid und ich hab noch nie jemand verrecken lassen.«
Er zieht an meinem Arm und ich schreie so laut auf, dass er zusammenfährt.
»Hat dich dein Kerl zusammengeschlagen, was?«
Er hockt sich zu mir auf die Bank, legt meinen Kopf auf seine Beine. Ich spüre den kratzigen Stoff seines verschlissenen Wintermantels an meinem Ohr.
»Trink wenigstens was«, sagt er.

Er zieht eine Flasche aus durchsichtigem Glas aus seiner Mantelinnentasche.
»Wodka«, sagt er. »Ich trinke nur Wodka.«
»Und Wein«, sage ich.
Ein Lächeln huscht über seine eingerissenen Lippen.
»Du kannst wieder reden. Das ist gut.«
Ich habe mich noch nie so geborgen gefühlt. Und auf einmal weiß ich, wie idiotisch es war, wegzulaufen.
Ich gehöre zu Ronny.
Ich hab doch sonst niemanden.
Ich hätte es ihm eben nicht so schwer machen sollen.
Es ist allein meine Schuld.
»Ich will nach Hause«, sage ich. »Können Sie mich bitte nach Hause bringen.«
»Zu deinem Typ? Der dich verhaun hat?« Der Penner setzt sich die Flasche an den Mund, legt den Kopf zurück und trinkt fast die Hälfte weg. Er schraubt den Deckel auf und steckt die Flasche in seine Manteltasche zurück. »Nee«, sagt er und wischt sich mit dem kratzigen Ärmel über den Mund. »Das tu ich nicht.«
»Arschloch«, sage ich und versuche hochzukommen.
Die Schmerzen sind wieder da. Wie in meinen Körper gemeißelt. Trotzdem schaffe ich es, mich auf die Beine zu stellen und loszustaksen.
»Du bist verrückt, wenn du da wieder hin zurückgehst!«, schreit er mir nach.

Die Schneefäden fallen in meinen Jackenkragen und der eiskalte Wind zerschneidet mir das Gesicht. Aber ich schaffe es. Den ganzen Weg zurück.
»Scheiße, wie siehst du denn aus?«, sagt Kalle.

Er macht die Tür nur halb auf und versperrt mir den Weg. Seine Augen sind rot. Er ist total zugekifft, kann nicht mal richtig stehen und kichert blöde vor sich hin.
»Lass mich schon vorbei«, sage ich.
Kalle schüttelt den Kopf. Er kriegt die Zähne kaum auseinander.
»Das geht nicht. Ronny bringt dich um.«
»Ist mir egal«, sage ich. »Hier draußen erfrier ich sowieso.«
»Scheiße«, sagt Kalle nochmal und nimmt seine dreckige, ausgefranste Lammjacke vom Haken. Er kichert immer noch. »Tut mir Leid.«
Er zieht die Haustür hinter sich zu und stolpert mir fast in die Arme.
»Ronny hat Ärger«, lallt er. Immer, wenn er zu viel geraucht hat, lässt ihn seine Zunge im Stich. »Wenn der dich jetzt sieht, dreht er durch.«
»Wieso? Was ist denn los?«
Kalle schiebt mich auf den Bürgersteig.
»Komm, ich kenn da einen. Der kann dir auch das Balg wegmachen.«
Was?
»Wieso hast du das nicht gleich gesagt?«
Er zuckt die Schultern. »Hab nicht dran gedacht.«
Natürlich rennt er viel zu schnell. Als er merkt, dass ich ihm nicht folgen kann, kommt er wieder zurück und hält mir seinen Arm hin, damit ich mich unterhaken kann.
»Warum sagst du mir nicht, was los ist?«
»Nicht so wichtig«, brummt Kalle und zieht mich weiter. »Vergiss es einfach. Das ist das Beste.«

»Es ist wegen mir, stimmt's? Weil ich abgehauen bin. Weil du mich losgemacht hast.«
Kalle lacht. Diesmal klingt es allerdings nicht so, als wenn's vom Kiffen käm.
»Der hat 'n ziemlichen Aufstand gemacht. Aber den Ärger hat er nicht deswegen.«
»Weswegen denn?«
»Na ja, schon wegen dir«, sagt Kalle. »Aber nicht, weil du weg warst.«
»Meine Güte, Kalle, jetzt rück schon raus damit.«
»Na ja, da war so'n Typ«, sagt Kalle.
»Was für ein Typ?«
»Ach, so ein Junkie aus dem *La Poême*. Jedenfalls hat er gesagt, dass er dich fickt.«
Die Kröte! Diese fette, schmierige Stinkkröte.
»Das ist nicht wahr!«, schreie ich und verstumme abrupt. Jede Muskelbewegung ist der absolute Wahnsinnsschmerz, so als ob er in meinen Körper einbetoniert wäre.
Ich fange an zu heulen. Weil es so wehtut. Und weil diese stinkende Kröte so was behauptet.
»Ich glaub dir ja«, sagt Kalle.
»Aber Ronny«, schluchze ich. »Der glaubt mir garantiert nicht.«
»Nee«, sagt Kalle, »der hält dich sowieso für 'ne Hure, seitdem ...« Er stockt.
»Ich hatte Hunger, Mann, das weißt du genau.«
»Das ist Ronny völlig egal.«
»Und dir war es auch egal«, sage ich.
Er hätte mir das Geld auch so geben können. Hat er aber nicht. Da sind alle gleich.
Trotzdem bin ich nicht richtig wütend auf Ronny. Und ich

kann ja auch nicht erwarten, dass er mich durchfüttert. Irgendwas tun muss ich schon. Vielleicht war ich einfach zu schwierig mit meiner dauernden Eifersucht.
Ich bin wütend auf Kalle. Das ist viel einfacher.
»Wo bringst du mich überhaupt hin?«
»Ist nicht mehr weit. In der Nähe vom S-Bahnhof.«
»Und was wollte die Kröte noch?«, frage ich.
»Welche Kröte?«, fragt Kalle.
»Na, der Typ, der bei Ronny war.«
»Kohle, glaub ich. Dafür, dass er dicht hält. Scheint irgendwie mal was von Ronnys Schiebereien mitgekriegt zu haben. Is'n richtig elender Scheißtyp, wenn du mich fragst.«
»Und du?«
»Ich auch«, sagt Kalle. »Ich bin auch ein elender Scheißtyp.«
»Das mein ich nicht. Ich mein, was du jetzt machst?«
»Ich bleib bei Ronny.« Er stolpert. »Vielleicht zeig ich ihn auch an«, sagt er.

Wir haben die Unterführung erreicht. Ich bleibe stehen und lehne mich mit dem Rücken an die Wand. Auch das schmerzt, aber ich kann einfach nicht mehr gehen.
»Ist gleich da vorne.« Kalle zeigt auf die nächste Straßeneinmündung. »Das Haus an der Ecke. Mit dem Erker.«
Das sieht richtig gut aus.
»Mensch, das ist doch 'n echter Arzt, Kalle, das geht nicht. Der schickt mich zu meiner Mutter. Und da will ich nie wieder hin.«
»Tut er nicht«, sagt Kalle. »Und jetzt komm, der hat noch'n Privateingang.«

»Woher kennst du den überhaupt?«, frage ich, während ich neben ihm her stolpere.
Ich kann mich kaum noch bewegen.
»Ist doch egal.«
Ist es nicht, finde ich. Aber was hab ich schon für eine Wahl?
Genau genommen hab ich die doch nie wirklich gehabt.

Das Eckhaus ist hellgelb gestrichen. Es leuchtet richtig zwischen den ganzen anderen ergrauten und verschmutzten Gebäuden. Die Verzierungen am Erker und unter der Dachrinne sind weiß. Das ganze Haus sieht so eklig fein aus, dass ich mir kaum vorstellen kann, dass dort irgendwas Illegales abläuft.
Ich starre auf das weiße Arztschild, das neben der dunklen Holztür hängt.
»Doktor med. Harald Baschwitz«, lese ich vor. »Facharzt für Frauenheilkunde. Kalle, das kannste vergessen. Der Typ ruft doch sofort die Polizei.«
»Tut er nicht«, wiederholt Kalle und zieht mich weiter. »Wir müssen durch das Tor da.«
Das befindet sich im nächsten Gebäude. Eins von den Verschmutzten. Es ist ein graues Stahltor. Übersät mit Graffiti.
Kalle drückt es auf und schleppt mich durch den Innenhof. Der ist total zubetoniert. Sollte wohl mal clean wirken, ist aber inzwischen an einigen Stellen aufgerissen. Dort quellen Grasbüschel und Löwenzahn raus.
Ich werfe einen Blick auf die Fenster der umliegenden Häuser und fühle mich gleich wie zu Hause. Hier ist gar nichts mehr fein. Die Farbe blättert von den Rahmen, manche

Scheiben sind sogar richtig Bruch. Wenn es Gardinen gibt, sind sie grau und die Mülltonnen quellen über.
»Der Baschwitz hat hier 'nen Hintereingang«, sagt Kalle. Er steuert auf eine dreistufige Steintreppe zu, die von einem durchsichtigen Plastikwellblech überdacht ist.
»Und das weiß keiner?«, sage ich. »Du spinnst ja.«
»Tu ich nicht«, sagt Kalle.
Er klopft gegen die Riffelglasscheibe in der Tür.
Natürlich öffnet keiner. Hätte ich mir denken können.
»Ich geh wieder«, sage ich.
»Spinn nicht rum. Wo willst du denn hin?«
»Ich bin blank. Ich kann es sowieso nicht bezahlen«, sage ich.
Plötzlich hab ich irgendwie Panik. »Komm, Kalle, vergiss es.«
Er schüttelt den Kopf.
»Ich hab was«, erwidert er und klopft nochmal. Diesmal lauter.
»Du? Woher denn?«
»Ist doch egal.«
Die Tür geht jetzt doch auf. Eine Frau im Kittel mit Lockenwicklern steht da und guckt uns an. Sagt nichts. Mustert erst Kalle, dann mich.
»Bitteschön«, sagt sie schließlich und macht einen Schritt zur Seite.
Ohne was zu sagen, gehen wir an ihr vorbei ins Treppenhaus. Es ist total vergammelt. Viel schlimmer als bei meiner Mutter. Und es riecht schimmelig.
Mir wird sofort schlecht. Ich fange an zu würgen, es kommt auch was hoch, aber ich schlucke es wieder runter. Diese ständige Kotzerei geht mir verdammt auf die Nerven.

Die Frau verriegelt die Tür. Sie wirft mir einen mitleidigen Blick zu.
Es ist wie ein Stich ins Herz. Ich gucke auf den Boden und lasse mich weiterziehen. Auf eine Kellertür zu, eine Treppe runter, wieder durch eine Kellertür, einen muffigen Gang lang, um die Ecke, noch eine Tür und noch eine und dann ist auf einmal alles hell und freundlich.
»Bitteschön«, sagt die Frau und zeigt auf die Sessel. »Ich sage sofort Bescheid.«
Kalle nickt.
Die Frau verschwindet, schließt die Tür hinter uns ab. Ich hätte nicht gedacht, dass es so was gibt.
Ich lasse Kalle los und sinke in den ersten Sessel. Er ist blau und fühlt sich total weich an.
In so was hab ich noch nie gesessen.
»Ich hab Schiss, Kalle«, sage ich.
»Nicht nötig.«
»Bleibst du bei mir?«
»Das geht nicht. Aber ich warte.«
Wenn er nicht so faule Zähne hätte und so ein elender Loser wäre, könnte ich ihn vielleicht lieben.
Aber ich will nur Ronny.
Immer noch.
Immer. Immer. Immer.
Er kann mir sonst was antun, er hat es bestimmt nicht so gemeint.
Und wenn ich hier erst wieder weg bin, mit geheilten Knochen und *ohne dich*, dann wird er mir bestimmt verzeihen.
Das Gefühl ist klar und warm und es durchströmt mein ganzes Herz, denn auf einmal weiß ich: Jetzt wird alles wieder gut.

Ich bin so glücklich, dass ich mich aus dem Sessel quäle und Kalle einen Kuss gebe.
»Kalle, Mensch, jetzt wird alles wieder gut.«
»Ja, Kamie, das wird es.« Er streicht mir über den Rücken. Seine Hand hält kurz vor meinem Po. »Wenn du das so willst.«
Wir gucken uns an.
Dann kommt eine Schwester.
Eine richtige Schwester. Im weißen Kittel. Als sie mich sieht, kriegt sie 'n Schreck. Das seh ich ihr an.

Dieser Arzt, Harald Baschwitz, scheint ganz okay zu sein. Er ist etwas älter als meine Mutter, schätz ich, weder groß noch klein, hat kurze graue Haare, schmale Koteletten, einen kleinen Mund und einen ernsten Blick. Natürlich muss ich alles ausziehen. Zwei Schwestern helfen, aber trotzdem ist es der reine Höllenwahnsinn. Als wir endlich fertig sind, bin ich völlig am Ende.
Mein ganzer Körper ist dunkelblau, lila, violett und grün. Es gibt fast keine normale Hautstelle mehr.
Ich heule Rotz und Wasser. Weil es wehtut. Und weil ich mich zu Tode schäme.
Ja, eigentlich mehr, weil ich mich zu Tode schäme.
Die kleine dunkelhaarige Schwester hat leise gestöhnt, als sie mir aus dem Pulli half. Aber der Doc verzieht keine Miene.
Er stellt auch keine Fragen.
Nicht, wo ich das her hab.
Nicht, wie ich heiße.
Nicht mal, wie alt ich bin. Gar nichts.
Klar, wenn er nichts von mir weiß, kann er, wenn ihn ir-

gendeine Behörde oder so fragt, auch nichts mit mir getan haben.

»Möchten Sie sich noch einen Moment hinlegen, bevor wir anfangen?«, ist alles, was er von mir wissen will.

»Ich bin schwanger«, sage ich leise.

Ich sehe ihn nicht richtig an dabei.

Harald Baschwitz hebt die Augenbrauen. »Sicher?«

»Ich hab ein paar Tests gemacht«, sage ich. »Vier oder fünf.«

Er nickt.

»Seit wann wissen Sie das?«

Ich senke den Kopf, starre auf den Boden.

»Seit sechs Wochen. Oder acht vielleicht.«

»Dann müssen Sie bitte mit herüberkommen.«

Er zeigt auf die gegenüberliegende Tür.

Die Schwestern stützen mich unter den Armen.

Hinter der Tür sind ein Gynstuhl und eine Liege. Dort soll ich mich hinlegen. Mittlerweile ist das noch schlimmer als stehen. Es gibt keine einzige Stelle mehr, die nicht wehtut. Die kleine Schwester legt mir ein Handtuch über die Beine und eins über die Brust. Dann setzt sie sich auf einen Stuhl an meinem Kopfende.

Ich kann mich nicht erinnern, dass meine Mutter jemals so bei mir gesessen hat.

Der Doc schmiert mir ein glibberiges Zeug auf den Bauch. Es ist kühl und tut total gut.

Der Baschwitz merkt's und lächelt.

»Gleich anschließend gibt's noch 'ne schöne Salbe für den ganzen Körper. Jetzt schaun wir erst mal, wie weit dein Baby ist.«

Oh, nein, denke ich, bitte nicht. *Ich will dich nicht sehen!*

Aber irgendwie krieg ich nichts raus. Meine Kehle ist plötzlich ganz trocken, mein Hals wie zugeschnürt. Wieder muss ich gegen die Tränen kämpfen. Ich will nicht mehr heulen. Ich will stark sein und so schnell wie möglich zu Ronny zurück.
Der Baschwitz schiebt das Ultraschallding auf meinem Bauch herum. Ich habe den Kopf weggedreht, starre gegen die Wand.
»Willst du es dir denn gar nicht anschauen?«, fragt die Schwester.
Nein!!!
»Es scheint alles in Ordnung zu sein«, höre ich den Doc sagen. »Soweit ich das beurteilen kann, hat dein Kind nichts abbekommen.«
»Aber ich hatte doch meine Tage«, sage ich.
Schweigen.
»Gut«, sagt der Baschwitz schließlich. »Oder auch nicht. Ich müsste nämlich nachschauen, ob der Muttermund noch vollständig geschlossen ist. Dazu müsste ich dich vaginal untersuchen. Das möchte ich dir im Moment aber nicht zumuten. Wie ich sehe, hast du auch Schläge in den Unterleib bekommen.«
Ich fange an zu heulen.
Die Schwester streicht mir übers Haar. Ganz sanft. Ich glaube, sie hat Angst mir wehzutun.
Und dann hat Harald Baschwitz doch Fragen.
»Der junge Mann, der dich hierher gebracht hat … Ist das dein Freund? Der Vater? Hat er dich so zugerichtet?«
»Nein.«
»In Ordnung. Ich kann verstehen, wenn du mir das nicht sagen willst.«

Ich beiße die Zähne zusammen und wische mir die Tränen aus dem Gesicht.
»Kalle hat bloß das Geld«, presse ich hervor.
»Welches Geld?«
»Um Sie zu bezahlen.«
»Ach so das … Das kostet nichts.«
Was will er denn dann von mir? Das Gleiche, was alle wollen? Ich fange an zu frieren. Irgendwie muss ich ihn doch bezahlen.
»Ich hole dir eine Decke«, sagt die Schwester. »Und sage deinem Bekannten Bescheid, dass er nach Hause gehen kann.«
»Nach Hause?«
Ich drehe meinen Kopf zurück und mein Blick fällt auf den Monitor.
Schwarz mit hellen Schlieren. Und etwas, das pulsiert. Kleine knubbelige Dinger, die sich bewegen.
Ich gucke schnell wieder weg.
Harald Baschwitz lächelt.
»Du bist in der fünfzehnten Woche. Die Placenta ist gut durchblutet. Dein Kind ist etwa zwölf Zentimeter groß.«
Er nimmt das Ding von meinem Bauch.
»Kalle kann nicht nach Hause«, sage ich. »Ohne mich.«
Natürlich kann er das.

»Leider ist das Zimmer ziemlich dunkel«, sagt die Schwester. »Nur ein Fenster und das geht auf den Innenhof hinaus.«
Egal. Es ist das Schönste, das ich jemals behaust habe. Ein richtiger Palast.
Ich lasse mich auf das Bett sinken und sie hilft mir, mich hinzulegen, hebt meine Beine hoch und deckt mich zu.

Das Salbenzeug, mit dem sie mich eingeschmiert haben, hat gutgetan.
»Aber Prellungen brauchen nun mal ihre Zeit«, sagt die Schwester.
Sie geht zum Fenster hinüber, stellt es auf Kipp und zieht das Rollo herunter. »Das muss leider sein.«
Ich hätte mit den Schultern gezuckt, wenn es nicht so ekelhaft schmerzen würde, also lass ich's. Das Rollo ist hell und lichtdurchlässig. So sehr viel dunkler als vorher macht es das Zimmer nicht. Außerdem gibt es mir ein sicheres Gefühl, weil ich weiß, dass so von außen niemand reingucken kann.
»Sagen Sie mir Ihren Namen?«, frage ich.
Sie schüttelt den Kopf.
»Tut mir Leid. Aber es ist sicherer, wenn du ihn nicht weißt.«
»Glauben Sie, ich verrate, was Doktor Baschwitz hier macht, sobald ich wieder raus bin?«
Ihr Lächeln verschwindet.
»Denkst du daran, deinen Freund anzuzeigen?«
»Nee.«
»Siehst du.«
»Kapier ich nicht.«
An der Wand steht ein Stuhl. Den nimmt sie und setzt sich neben mich ans Bett.
»Alle, die durch den Hintereingang in Doktor Baschwitz' Praxis kommen, haben Angst. Entweder wie du vor ihrem Freund. Oder sie haben irgendwas Illegales getan.«
»Ich nicht.«
»Mag sein.«
»Ist so.« Ich gucke von ihr weg zur Decke. »Bloß gekifft

hab ich. Und Ronny hat mir diese Dinger gegeben. Diese Aufputscher und so.«

»Das zeigt doch, wie labil du bist«, sagt sie. »Wenn du Dinge tust, die du gar nicht willst, dir von einem anderen aufzwingen lässt.«

»Scheiße Mann!«, sage ich wütend. »Sie haben ja keine Ahnung.«

»Von einem Leben, wie du es führst, nicht. Obwohl ich so einiges mitkriege.«

Klar, denke ich. Jetzt fang bloß noch an zu klugscheißern. Dann kannste mich mal mit deinem blöden Lächeln.

»Dein Baby, das willst du nicht behalten, stimmt's?«

»Das geht Sie doch 'n Scheißdreck an!«

»Warum bist du jetzt so sauer?«

Blöde Frage! Woher soll ich das wissen? Sie soll mich einfach in Ruhe lassen!

Dabei bin ich froh, dass sie hier ist.

Mutter hat noch nie an meinem Bett gesessen.

»Können wir nicht über was anderes reden?«, sage ich.

Sie legt den Kopf auf die Seite. »Sicher. Über was denn?«

»Keine Ahnung. Darüber, was es zu essen gibt. Und wer das alles bezahlt.«

»Das weiß ich auch nicht. Ist schließlich Doktor Baschwitz' Sache. Und was das Essen angeht, kannst du dir was wünschen.«

»Echt?«

»Klar.«

»Dann möchte ich Spaghetti«, sage ich. »Spaghetti mit Tomatensoße.«

Sie hat mich gefüttert und dabei mit ihren großen grünen Augen angesehen. Zum Glück hat sie überhaupt keine Ähnlichkeit mit meiner Mutter, sonst hätte ich womöglich noch losgeheult.
Scheiße!
Die Spaghetti waren total klasse. Bessere hab ich nie gegessen. Natürlich hätte ich mir auch ein Steak wünschen können. Ich weiß überhaupt nicht, wie das schmeckt. Nicht mal Ronny hat so was Teures gekauft. Auch nicht nach besonders guten Geschäften.
»Darf ich mir jeden Tag was wünschen?«, hab ich gefragt.
»Nicht jeden.«
Sie hat das tomatenrot gesprenkelte Handtuch weggetan und das Kopfteil vom Krankenbett wieder runtergefahren.
»Kann Kalle mich besuchen?«, hab ich gefragt.
»Besser nicht. Dem Doktor ist es am liebsten, wenn nicht so viele Leute diese Räume hier unten sehen.«
»Aber Kalle war doch schon mal hier.«
Sie hat das Handtuch über ihren Arm gehängt und die Stirn gerunzelt. »War er das?«
»Er hat mich hergebracht.«
Daraufhin hat sie wieder nur ihr Lächeln gelächelt und den Kopf geschüttelt. »Das heißt überhaupt nichts.«
»Ich brauch aber was.«
»Was denn?«
»Meine Farben. Und das Buch von Hermann Hesse.«
»Okay. Ich schau mal, was sich machen lässt.«
Dann ist sie gegangen und ich bin eingeschlafen.

Ich bin neun Jahre alt, sitze in meinem Zimmer. Meine Mutter hat Besuch. Ich höre die Geräusche von nebenan. Sie ekeln mich.
Ich hole den Farbkasten aus meinem Ranzen. Das Blau ist noch ganz voll. Ich mal die Tür blau an. Irgendwie denke ich, dass die Geräusche dann nicht durchkommen.
Ich werd nicht ganz fertig. Die Geräusche hören schon vorher auf. Meine Mutter kommt rein, sieht, was ich gemacht habe. Sie reißt mir den Pinsel aus der Hand und geht damit auf mich los. Sie trifft mich genau in die Kante vom Auge.
Es tut höllisch weh und ich kann nichts mehr sehen. Alles wird schwarz. Einen Moment lang glaube ich, dass ich jetzt sterben muss.

Februar

Einmal am Tag zieht die Schwester das Rollo hoch. Dann kann ich sehen, dass es schneit.
Die Schmerzen sind weg. Zumindest fast. Kalle hat mich nicht besucht. Aber meine Farben und Hesses *Siddhartha* liegen auf dem Tisch neben meinem Bett. Angerührt habe ich die Sachen nicht. Aber es ist gut, sie zu sehen.
Ich habe tagelang nur einfach so dagelegen.

»Du bist jetzt in der zwanzigsten Woche«, sagt Doktor Baschwitz. »Ich kann es nicht mehr wegmachen.«
Kann, will, oder darf – verdammte Scheiße, eigentlich dürfte er mich auch nicht hier haben.
Ich muss in das Zimmer mit dem Stuhl. Diesmal lass ich mich nicht dazu verführen, auf den Monitor zu gucken.
»Alles in Ordnung«, sagt der Arzt. »Wahrscheinlich ist es ein Junge.«
»Ist doch egal, was es ist.«
»Ich kann verstehen, dass du es nicht behalten willst.«
»Ronny schlägt mich tot.«
»Ronny?«
Scheiße, schon wieder hab ich was verraten.
»Ach, verdammt, vergessen Sie's«, sage ich.
Diesmal ist die Schwester nicht dabei.

»Ich muss dich untersuchen«, sagt Doktor Baschwitz, macht den Monitor aus und zeigt auf den Stuhl.
Ich lege mich hin mit aufgeklappten Beinen. Zuerst schaut er nach den Prellungen.
»Sieht gut aus«, sagt er, tätschelt mir den Arm und lächelt.
»Tut auch fast nicht mehr weh«, sage ich.
Eigentlich kapier ich noch immer nicht, warum er mich überhaupt so lange hier behalten hat. Aber das frag ich nicht, sondern lasse schweigend die Untersuchung über mich ergehen.
»Es ist ein Wunder«, sagt Doktor Baschwitz, »dass dein Sohn überhaupt nichts abbekommen hat. Du bist völlig intakt, könntest ihn ohne Probleme austragen.«
Ich gucke ihn an und wieder weg. Am liebsten würd ich abhauen. Aber das ändert ja nichts. *Dann werd ich dich ja nie los.*
»Hast du dir schon mal überlegt, ihn zur Adoption freizugeben?«
»Was?«
»Es gibt genug Frauen, die sich ein Baby wünschen und keins bekommen können.«
»Es ist meins«, sage ich und versuche ihm fest in die Augen zu sehen. Der soll bloß nicht denken, dass er über mich bestimmen kann. Nur, weil er mich ein paar Tage versorgt hat. Wenn das der Preis ist …
Ich denke es und ich sage es auch.
Und ich sehe das kurze Blitzen in seinen Augen, die geblähten Nasenlöcher.
»Dann bring ich mich um«, sage ich.
Er atmet lange ein und schnell und geräuschvoll wieder

aus, geht auf und ab, bleibt stehen und schaut mich wieder an.

»Warum willst du dir nicht helfen lassen?«

Ich nehme die Beine aus den Schalen und setze mich auf.

»Bin ich fertig?«

»Warum willst du deinem Sohn nicht helfen lassen?«

»Wer sagt mir denn, wo es hinkommt?«, sage ich. »Dass es da auch okay ist.«

»Niemand. Aber die Leute werden ja überprüft.«

»Ach, das ist doch alles Scheiße!«, brülle ich. »Warum wollen Sie mich unbedingt weichkochen?«

»Schon gut«, sagt Doktor Baschwitz. Er legt mir eine Hand auf die Schulter, will mich wohl beschwichtigen, aber ich will mich nicht anfassen lassen. Nicht von jemandem, der nicht über mich zu bestimmen hat.

Ronny will dich nicht. Und ich dich auch nicht.

Ich will auch keinen dicken Bauch.

Ich will einfach bloß wieder zurück und Ronny um Verzeihung bitten.

Meinetwegen soll er Lila ficken und die Polin und sonst wen. Solange er mich nicht wegschickt.

Irgendwie ist das Vertrauen weg. Ich liege in meinem Luxusbett und kreise mit meinen Gedanken.

Der Doc war einfach zu nett. Und die Schwestern auch. Sogar die Grünäugige. Dabei ist die doch richtig geil auf das Kind. *Die will nicht, dass ich dich wegschicke.* Für die ist es Mord.

Ich bin sicher, die haben was vor. Die machen dich nicht weg. Da bin ich mir plötzlich ganz sicher. Jetzt nicht mehr.

Meine Prellungen sind verheilt. Sie könnten jetzt einfach behaupten, dass ich ganz normal in ihre Praxis gekommen bin.
Mir würde sowieso niemand glauben. Die lachen mich doch aus, wenn ich behaupte, dass der Doc hier geheime Räume hat. Ohne 'n Illegalen drin, sehen die doch total offiziell aus.
Ich bin ein Nichts. Außer Ronny oder Kalle hat sich doch nie einer richtig für mich interessiert.
Meine Mutter schon gar nicht.
Es ging ihnen nur um dich. Der ganze scheiß Aufwand. Das Essen. Das Bett. Damit dir bloß nichts passiert. Armer unschuldiger kleiner Junge, der mir das Leben versauen will.
Ronny ist die einzige Chance, die ich habe. Kapierst du das eigentlich nicht? Willst du, dass ich dich hasse? Willst du das ertragen? Du siehst doch, wie es ist, wenn man nicht gewollt ist. Guck dir meine Mutter an. Guck dir mein Leben an, du egoistischer kleiner Mistkerl.
Klar, dass du ein Typ bist, die denken immer, sie können machen, was sie wollen.
Können sie ja auch, diese Scheißkerle. Die haben Macht über einen. Keine Ahnung, wie die das hinkriegen, aber es ist nun mal so. Nee, verdammt! Noch so einen wie dich brauch ich wirklich nicht.
Ich springe aus dem Bett und renne hin und her. Irgendwas muss ich doch tun können. Irgendwas ... *Noch hast du keine starken Muskeln, noch bist du klein, eigentlich gar nicht da ...*
Mein Blick fällt auf den Schrank. Ich reiße die Schubladen auf. Nix als Verbandszeug, Pflaster und so'n Zeug.

Ich fange an zu wühlen. Irgendwo werden die doch … Plötzlich fühl ich was Hartes. Metall.
Eine Schere.
Eine verpisste kleine Drecksschere mit abgerundeten Ecken. So eine, mit der man Pflaster abschneidet. Die einem nicht wehtut.
Klar, was hab ich denn erwartet? Dass die das allerschönste Mordwerkzeug hier einfach so rumliegen lassen?
Und trotzdem.
Vielleicht reicht mein Wille ja schon.
Ich schmeiß mich aufs Bett und drücke mir die Scherblätter in den Bauch. Ich drücke und drücke, aber ich merk schnell, das kann ich vergessen. Außerdem ist es idiotisch. Selbst wenn ich mir die Bauchdecke zerschneide, wer soll mir dann helfen. Doc Baschwitz pennt zu Hause. Ich bin allein hier. Hab nur den Alarmknopf.
In ein paar Minuten wär er hier, hat er gesagt. Scheiße, Mann, woher weiß ich denn, dass diese paar Minuten nicht eine viertel Stunde sind? Bis der richtig wach und in den Klamotten ist, bin ich vielleicht längst verblutet.
Vielleicht wär's das Beste.
Das Beste für alle. Auch für Ronny.
Besonders für Ronny.
Ohne so eine hysterische Zicke wie mich wär sein Leben doch tausendmal angenehmer. Keine Ahnung, ob ich mich wirklich ändern kann. Ich schiebe das Nachthemd zurück, spreize die Beine und ramme mir die Schere hinein.
Der Schmerz ist unerträglich.
Dann wird alles schwarz und ich sehe dich, wie du auf der stumpfen Schere steckst und schreist.
So wie ich damals, als ich den Pinsel im Auge hatte.

Verdammt nochmal! Wer gibt dir das Recht, so mächtig zu sein!!!

»Ich kann dich nicht weglassen«, sagt Doktor Baschwitz. »Ich hab doch gesehen, was du dir antust.«
Drei Tage sind vorbei. Drei Tage Heulen.
»Sie dürfen mich nicht festhalten. Das ist doch kein Knast hier. Ich zeig Sie an.«
»Sie hat Recht«, sagt die Schwester. Ihre Arme sind über der Brust gekreuzt. Das Grün in ihren Augen ist kalt. »Es hat sowieso keinen Sinn. Sie wird ihn töten, wenn nicht noch ein Wunder geschieht.«
Ich will dich nicht töten.
Ich will nur nicht mit dir leben.
Ich will, dass du dir eine andere Mutter suchst.
Ich will nicht, dass dauernd andere über mich entscheiden.
Die haben doch alle keine Ahnung.
Ich weiß doch selber nicht mehr weiter.

Zwei Tage später lassen sie mich wirklich weg. Länger hätte ich es auch nicht mehr ausgehalten. Der ganze Spaghetti-Luxus ist mir plötzlich so auf den Senkel gegangen. Ich hab's einfach nicht mehr ertragen.
Auch den Hass von der Schwester nicht. Was hat die sich bloß gedacht! Dass sie mich rumkriegt? Aber ich lass mich nicht bequatschen. Von niemandem.
Höchstens von Ronny.
Immerhin hat der mich mal richtig geliebt.
Aber dieser kreuzdämlichen Schwester ging's ja gar nicht um mich. Die war am Anfang bloß so nett, *weil sie dich*

retten wollte. Und mit dem Baschwitz ist's garantiert auch nicht anders gewesen.
Da hat Kalle sich eben getäuscht.
Ich packe das Malzeug und das Buch in eine Tüte. Meine Klamotten sind frisch gewaschen. So gut haben die noch nie gerochen.
»Ich wünsch dir alles Gute«, sagt der Baschwitz.
Ich glaub's ihm sogar. Es ist so einfach, jemandem was Nettes zu wünschen, wenn man nichts mehr mit ihm zu tun hat.
Die Schwester taucht nicht mehr auf. Es ist ein letzter Stich, den sie mir verpasst.
Aber ich heule erst draußen, als ich im Hof stehe.
Es schneit noch immer. Und es ist arschkalt. Viel schlimmer als im Januar. Zumindest kommt es mir so vor.
Der Baschwitz hat mir einen Schal geschenkt. Lila ist der. Lila wie Lila. Aber was soll's, er ist warm. Ich kann ihn mir dreimal um den Hals schlingen.

Ich laufe nach Hause zu Ronny. Aber niemand macht auf. Die Vorhänge sind zugezogen.
Ich hämmere gegen die Tür. »Kalle, mach auf!«
Aber da ist kein Kalle. Kein Ronny. Überhaupt keiner.
Ich lasse mich auf die Treppe sinken, lehne mich gegen die Haustür. Irgendwann muss ja jemand kommen.
Und wenn Ronny in Polen ist, ich werde hier warten. *Bis wir eingefroren sind.*
Ich und du.
Du, mein Sohn.
Ich fass es nicht.
Ich kann keine Mutter sein. Und ich will es auch nicht.

Aber ich will dich auch nicht einfach jemand anderem geben.
Ich kann das nicht. Das wäre gottlos. Ja, ich finde das gottlos.
Du musst dich entscheiden.
Ich bin sicher, wenn du mich verlässt, dann kannst du dir eine andere aussuchen.
Und für mich wird es so sein, als ob du nie da gewesen bist.
Es ist deine Entscheidung.

Ich hocke da, schlinge die Arme um die Beine, lege den Kopf auf meine Knie. Nach kürzester Zeit ist mein Hintern eisgekühlt. Nicht lange und der ganze Arsch friert mir ab. Trotz des neuen warmen Schals. Meine Gedanken werden langsam, kommen zum Stillstand. Schon bald ist der Zustand von damals auf dem Platz vor der Commerzbank wieder hergestellt. Mit einem Unterschied.
Du bist älter geworden.
Und größer.
Der Gedanke an dich lässt sich nicht einfrieren.
Du bist groß und stark und da. Und ich spüre, du hast dich entschieden.
Du bist störrisch wie jedes Kind. Unvernünftig. Uneinsichtig.
Du hast dir vorgenommen, mein Leben kaputt zu machen.
Du nutzt es aus, dass ich dich nicht hergeben kann.
Und dass ich nicht so sein will wie meine Mutter.
Aber ich war zuerst da. Und ich habe genug damit zu tun, selber klarzukommen. Verdammt!

»Was machen Sie hier?«
Die Frage dringt harsch und laut in meine Ohren.
Ich öffne die Augen, hab gar nicht gemerkt, dass sie zu waren. Und ich starre auf ein Paar braune Schuhe mit dreckigen Absätzen, eine Anzughose mit einem dicken braunen Fleck am Saum und eine Plastiktüte mit Marlboro-Werbung darauf.
»Ich warte auf meinen Freund.«
»Ist das einer von denen aus dem ersten Stock?«
Ich gucke hoch und nicke.
Der Mann ist ungefähr fünfzig, unrasiert und stinkig. So wie einer von denen, die meiner Mutter zwanzig Euro für 'ne Nummer geben.
»Das können Sie vergessen. Von denen ist schon ewig keiner mehr hier gewesen.«
Unmöglich!
Kalle muss da sein. Wo soll er denn hin?
Ich versuche aufzustehen, aber meine Knie sind so steif, dass ich sofort wieder zurückfalle.
Der Typ reicht mir die Hand. Aber ich lass mir nicht helfen. Nicht von so einem.
»Zicke!«, sagt er, packt mich am Ärmel und zieht mich einfach hoch. »Hau bloß ab!«
Er schubst mich auf den Bürgersteig.
»Los, dalli, dalli, dalli ...«
Ich möchte fragen, was passiert ist. Trau mich aber nicht. Weil ich es nicht so genau wissen will. Und auch, weil ich nicht mehr mit diesem Typen reden will.
Also lauf ich einfach weiter.
Vielleicht hat die Kröte Ronny fertig gemacht.
Oder ihnen die Bullen auf den Hals gehetzt.

Es geht nicht anders. Ich muss nach Hause.
Nach Hause.

»Was willst *du* denn hier?«, fragt meine Mutter.
Sie ist nicht angezogen, sieht genauso schlampig aus wie immer. Die dunklen Haare zerzaust. Nicht mal einen Bademantel über dem Pyjama, dafür einen Kaffeefleck auf dem rechten Busen. Sie stellt sich breit in den Rahmen und macht sich noch fetter, als sie eh schon ist.
»Lass mich rein«, sage ich und versuche mich an ihr vorbeizudrängen.
»Ich denke, du wohnst bei Ronny.«
»Schon lange nicht mehr.«
»Und jetzt bin ich dir wieder gut genug, was?«
Sie packt mich am Oberarm. Hält mich fest. Sie scheint entschlossen zu sein, mich nicht reinzulassen.
»Du musst. Ich bin noch nicht volljährig.«
»Ich muss gar nichts«, sagt sie. »Damit du mir wieder alle Möbel versaust, was. Kommt überhaupt nicht in Frage.«
Sie drückt mich weg, stößt mich wieder weiter in den Treppenflur hinaus. Sie will mich einfach nicht. Diese alte, fette Schlampe!
Früher hat sie es wenigstens nicht so gesagt.
Und dann spüre ich plötzlich diese Wut.
»Wo soll ich denn hin?«, brülle ich.
»Was hab ich damit zu tun?«, keift sie mich an. »Geh meinetwegen dahin, wo du die ganze Zeit über gewesen bist, verdammt nochmal! Ich bin doch keine Pension.«
Sie verpasst mir einen Stoß aufs Brustbein. Ich taumel zurück, seh nur noch, wie die Tür zuschlägt.
Aber du bist meine Mutter!

Ich will es schreien, aber ich krieg keine Luft mehr.
Ich hab gewusst, dass sie mich anschreit. Auch, dass sie mich schlägt. Mir nix zu essen gibt wie früher, wenn ich nicht pariert hab. Aber ich hab nicht gedacht, dass sie mich wegschickt.
Das kann sie nicht tun!
Ich stürze zur Tür. Schlage mit den flachen Händen dagegen. Hämmere mit den Fäusten. Fange an zu treten. Bestimmt hängen die Nachbarn schon wieder mit platt gepressten Ohren an ihren Türen. Aber das ist mir scheißegal.
»Mama, ich bin schwanger!«, kreische ich.
»Was hab ich damit zu tun?«
Sie steht also immer noch da. Ist noch gar nicht ins Wohnzimmer gegangen.
»Mama, wo soll ich denn hin?«
Ich hab sie schon ewig nicht mehr so genannt. Mama.
»Ich will doch nur in mein Zimmer.«
Schweigen.
»Mama!«
»Das gibt's nicht mehr«, sagt sie. »Und jetzt verschwinde. Glaubst du etwa, ich will nochmal so ein Blag großziehen wie dich?«

Noch so ein Blag wie mich.
Noch so ein Blag wie dich.
Ich bin wie in Trance. Wie nicht mehr da.
Klein. Unwichtig. Scheißdreck.
Links die Häuser, Ladenlokale. Rechts die Straße. Der Lärm, die Leute, die Autos. Ich spüre, dass alles irgendwie existiert, und doch ist es ewig weit weg.

Ich hab geheult und ganz schnell wieder damit aufgehört. Es hat keinen Sinn.
Nur ein einziger kleiner Schritt nach rechts würde alles ändern.
Ich stelle mir vor, wie still es wäre.
Nicht Mutter. Nicht Ronny. Nicht Lila. Nicht Polin. *Nicht du.*
Du vielleicht.
Wir.
Ja, wir zusammen. Nur du und ich. Ohne Probleme. Ohne diesen ganzen Scheiß.
Vielleicht ist da auch irgendwo Gott.
Vor zwei Jahren oder so, da haben wir da mal in Reli drüber gesprochen. Über Gott und wer an ihn glaubt und so. Anfangs haben viele sich nicht getraut, aber so nach und nach wurden es immer mehr. Auch, wenn es einem ungerecht vorkommt, hat Anne gesagt, sie wäre sich absolut sicher, dass er wisse, was er tut. Keine Ahnung, wieso ich mich ausgerechnet jetzt daran erinnere. Aber vielleicht gibt es ihn wirklich, Annes Gott, der mir sagt, dass ich bleiben kann. Mit dir. Dass er auf uns aufpasst.
Und dass er mich liebt. Oder zumindest, dass ich nicht ganz unwichtig für ihn bin. Das würde mir schon reichen.
Wenn meine Mutter mich schon nicht liebt, wer dann?
Ronny? Kalle? Die grünäugige Arzthelferin? Wilmerscheid? Die Kröte? – Pah! *Oder etwa du?*
Du, du kannst doch noch gar nicht lieben. Du willst mich bloß aussaugen. Fett und hässlich machen. Mir meine Kraft nehmen.
Du willst mich und alle, die was von mir wollen, wollen dich.

Oder sie wollen einfach bloß vögeln.
Mann, was bin ich blöd gewesen! Wie konnte ich nur so bescheuert sein! Wie konnte ich bloß denken, dass Ronny mich liebt? Stattdessen hab ich mich schlagen lassen. Und Kalle, der hat mir nicht geholfen. Dieser Schwächling! Dieses Arschloch! Nein, es gibt niemanden, dem ich irgendwas bedeute. Nicht mal Annes verdammten Gott.
Es wäre so einfach, dieser Schritt nach rechts.
Ich muss nur meine Ohren aufreißen, richtig hinhören, damit das nächste Auto nicht so weit weg ist und noch bremsen kann.
Ich schau auf die Straße, sehe nur noch die Räder und das untere Stück von den Autos. – Blau, rot, silbermetallic, schwarz, Lkw, silbermetallic, schwarz, schwarz, silbermetallic, weiß …
Ich gehe ganz nah an der Bordsteinkante. Und ich achte auf niemanden mehr. Ich bin allein. Es ist ganz einfach, einsam zu sein unter vielen.
Mich sieht sowieso keiner.
Grün, rot, schwarz, schwarz, weiß, silbermetallic, rot, schwarz, silbermetallic, silbermetallic …
Den nächsten Lkw erkenn ich am Geräusch. Es soll schnell gehen. Und es soll auch nicht wehtun. Das ist mein letzter Wunsch. Und das ist doch nicht zu viel verlangt. Oder?
Danach haben wir Frieden.
Silbermetallic, beige, schwarz, weiß, weiß, silbermetallic, grün, schwarz, silbermetallic, Lücke …
Plötzlich seh ich den Ball. Zwischen schwarz und silbermetallic rollt er auf die Straße.
»Mamaaaa!«
Die Stimme ist hell und schrill. Wie eine Alarmglocke.

Sie schreckt mich auf und ich bemerke die kleine Gestalt. Ein Junge in einem gestreiften Pulli, der auf die Straße zurennt.
Lkw ...
Wieso trägt der nur einen Pulli?, denk ich noch. Bei dieser Kälte stecken alle Mütter ihre Kinder in dicke Jacken, Mützen, Schals. Nur meine nicht. Die hat das auch nie getan.
Ich lass die Tasche fallen und renn los.
Der Junge ist schon auf der Straße und der Lkw ganz nah.
Wieso bremst der nicht? Der muss ihn doch sehen!
Ich bin noch nie so gerannt.
Und ich seh nur noch die Streifen vom Pulli. Bis ich bei ihnen bin. Bis ich ihn schreien höre: »Lass mich. Mein Ball!«
Aber ich halte ihn fest. Ein schrecklicher Schrei von irgendwoher zerreißt mir fast das Trommelfell. Ich falle hin, weil er so zappelt. Die Straße unter mir bebt. Der Lkw ist auf einmal riesig. Er quietscht und qualmt und rutscht langsam näher.
Ich knall dem Kleinen eine und zerre ihn weiter über den Boden bis zum Bordstein, schubse ihn und schmeiß mich auf ihn drauf.
Plötzlich ist er ganz still. Und ich krieg schon die Panik. Denke, jetzt ist er doch tot, weil ich ihn mit meinem Körper erschlagen hab, Scheiße. Aber dann höre ich ihn weinen. Es ist wie eine Erlösung.

Wie ein Erwachen in einer anderen Welt.
Hedys und Janis Welt.

Janis ist fünf.
Er ist fünf und liegt im Krankenhaus. Der Lkw hat seinen Fuß erwischt. Ich kapier nicht, wann das passiert sein soll. Ich hab doch viel längere Beine als er.
»Du hast ihm das Leben gerettet«, sagt Hedy. »Dafür werd ich dir ewig dankbar sein.«

März

Hedy ist blond und klein. Kleiner als ich und ihre Hände sind sehr lang und schmal. Irgendwie passen sie nicht zu ihr. Wenn sie mit ihnen herumwedelt, hab ich immer Angst, dass sie sich selbst ins Gesicht haut.
»Du bleibst hier«, hat sie gesagt, nachdem sie mich an Janis' Krankenbett abgefischt hat. »Bei uns. Solange du willst. Ich hab Platz genug.«
Das hat sie wirklich. Sie lebt in einem dieser Häuser am Stadtrand, wo ich nie hingegangen bin. Eigentlich ist es eine richtige Villa. Mit Eisentor und Gärtner und unzähligen Erkern.
Ich bekomm auch so ein Zimmer mit Erkerfenster. Im oberen Stockwerk.
»Du kannst alles rausschmeißen, wenn's dir nicht gefällt. Hol dir irgendwelche Möbel aus dem Haus«, hat sie gesagt.
»Egal welche?«
»Völlig egal.«
Hedys Augen sind hellblau und groß. Und unruhig. Sie kann nicht sitzen, das merk ich gleich. Ich hänge auf dem Sofa und sie rennt rum.
»Was soll ich nur machen, Kam? Janis will Fußballprofi werden.«

Ich zucke die Schultern. Was soll ich auch sagen? Ich bin fremd in dieser Welt. Unwirklich. Ich weiß nicht mal, ob ich dankbar bin.
Vielleicht bin ich tot. Das hier ist der Himmel. Hedy ist Gott und *Janis bist du.*
Aber das ist ja Quatsch. Das weiß ich schon.
Ich weiß, dass ich lebe.
Und ich spüre dich. Es ist, als ob du dich über das mit Janis tierisch erschrocken hast.
Hab ich ja auch.
»Kann man ihm nicht so einen Kunstfuß installieren, oder so?«, frage ich.
Hedy lacht sich halb tot. Dann fängt sie an zu heulen.
Ich kann sie nicht trösten. Es ist unangenehm, so im Sofa zu hängen und nicht zu wissen, was ich tun soll. Also setz ich mich hin und gucke auf den Teppich. Der ist weiß wie Schnee und mindestens vier Zentimeter dick.
»Der kann nie wieder spielen. Und ich muss ihm das sagen.«

Das Zimmer hab ich so gelassen. Es ist schöner als alles, was man sich vorstellen kann. Wie in einem Film. Trotzdem schlafe ich schlecht. Meistens lieg ich einfach so da und frage mich, wann Hedy mich wieder wegschickt.
Am ersten Tag hat sie mir Frühstück ans Bett gebracht.
»Du bist schwanger, nicht?«, hat sie gesagt.
»Sieht man das schon?«
»Klar.«
Sie hat gelächelt und dann hat sie plötzlich total ernst ausgesehen.

»Du willst es nicht, stimmt's?«
»Stimmt.«
»Aber es ist zu spät, es wegzumachen.«
Ich hab zur Wand geguckt und genickt. Ich konnte sie plötzlich nicht mehr ansehen. Irgendwie hatte ich auf einmal einen riesen Schiss, dass sie sagt, ich könnte es kriegen und bei ihr lassen.
»Was willst du tun?«, hat sie mich gefragt.
»Keine Ahnung.«
»Bist du schon bei einem Arzt gewesen?«
»Klar bin ich das.«
»So klar ist das nicht«, hat Hedy gesagt.
Vielleicht hat sie damit was Bestimmtes gemeint, vielleicht auch nicht. Immerhin sieht man es mir an, dass ich nicht besonders viel Kohle hab, aus der untersten Kaste komme und so.
Kamala, die Hure.
Ich bin froh, dass sie mich Kam nennt. Schlicht und ergreifend. Als ob meine Vergangenheit ausgelöscht wäre. Manchmal, für ein paar Sekunden denke ich dann schon, dass ich mit mir selbst nichts mehr zu tun hab.
Aber du bist ja da. Zappelst wie ein Fisch in meinem Bauch.
Manchmal imponiert mir deine Hartnäckigkeit.
Vielleicht sind Embryos auch einfach nur doof. Ja, eigentlich muss es so sein. Wenn sie wüssten, dass ihnen ihr Vater schon drei Tage, nachdem sie geboren wurden, den Schwanz in den Arsch steckt. Oder ihre Mutter sie verhungern lässt. Was weiß ich. Auch ich bin ja zur Welt gekommen. Und ich hätte mir das weiß Gott besser überlegen können.

»Hast du dir Janis gewünscht?«, hab ich die Wand gefragt.
»Weiß nicht«, hat Hedy gesagt.

Die nächsten Tage verbringe ich damit, im Haus umherzuwandern. Hedy ist meistens weg. Wahrscheinlich arbeitet sie was. Ich hab sie nicht danach gefragt. Außer das mit Janis hab ich noch gar nicht viel gefragt. Ich hab Angst, dass das alles hier zerplatzt wie eine Seifenblase.
Jede Sekunde denke ich an Ronny. Ich vermisse ihn. Trotz allem. Und außerdem werd ich das Gefühl nicht los, dass irgendwas passiert ist. Es ist so eine Unruhe. Und die Angst, dass alles keinen Sinn mehr macht ohne Ronny.
Außerdem ärgere ich mich, dass meine Tasche weg ist. Nach dem Unfall hab ich sie einfach vergessen. Und dann war sie weg. Wahrscheinlich hat irgend so ein Penner sie mitgenommen.

Hedys Haus hat acht Zimmer, zwei Bäder, ein Klo, eine richtige Küche und eine Kochnische. Die Wände sind weiß und die Teppiche auch. Außer in Janis' Zimmer. Da ist alles bunt. Gelb gewischte Wände, ein grüner Teppich, blaue Möbel und Poster von der deutschen Nationalmannschaft.
Am liebsten bin ich unten im Wohnzimmer. Das ist am größten. Es gibt zwei große weiße Ledersofas, einen Fernseher, ein Bücherregal und jede Menge afrikanisches Zeug. Kissen, Bilder, Holzstatuen.
Als Hedy nach Hause kommt, stehe ich gerade am Regal und gucke unter H. »Suchst du was Bestimmtes?«
»Hesse«, sag ich. »Den Siddhartha.«

Sie grinst. »Askese und Erleuchtung, oder was?«
Ich weiß nicht, was sie meint. Askese? – Keinen Schimmer, hab das Wort noch nie gehört.
Hedy dreht sich einmal um sich selbst.
»Da bist du hier falsch«, sagt sie. »Guck dir den Prunk doch an.«
»Was hast du dagegen?«, frage ich. »Ist doch gut, wenn man weiß, dass immer was da ist. Sich nie Sorgen machen muss.«
»Nie Sorgen«, sagt Hedy. »Und was ist mit Janis?«
»Hast du's ihm gesagt?«
Sie lässt sich in eins der Sofas fallen, breitet die Arme über die Rückenlehne und seufzt. »Nachher. Nachher fahr ich nochmal zu ihm.«
»Und dann sagst du's ihm?«
»Kommst du mit?« Sie nimmt die Arme von der Lehne und sinkt in sich zusammen. »Ich kann's nicht.«
»Ich auch nicht«, sage ich.
Obwohl's nicht stimmt. Janis ist nicht mein Kind. Ich hab überhaupt keine Probleme damit, ihm zu sagen, dass er nie wieder Fußball spielen wird, wahrscheinlich nicht mal mehr richtig normal gehen kann.
»Sollst du ja auch nicht«, sagt Hedy. Sie springt auf und rennt vor dem TV auf und ab. »Ich fänd's einfach nur gut, wenn du dabei wärst. Ich glaube, dann fühl ich mich irgendwie stärker.«
»Das ist doch idiotisch.«
Sie guckt mich überrascht an. »Wieso das denn?«
»Na ja, ich … ich meine, wer bin ich denn schon?«, sage ich leise.
»Keine Ahnung«, sagt Hedy. »Aber was spielt das für eine

Rolle? Wer man ist ... He, ich bin die Tochter eines Großunternehmers und was hab ich davon?«

»Kohle«, sage ich und zeige auf die Möbel. »Und das hier.«

»Ja toll. Aber mein Sohn hat nur noch einen Fuß.«

»Besser so, als wenn du ohne Fuß mit ihm in der Kälte hocken musst«, sage ich. »Oder im Siff. Und kein richtiges Zuhause hast.«

Sie schweigt.

»Ich hab doch gesagt, du kannst hier bleiben«, sagt sie schließlich. Es klingt ein bisschen wütend. »Solange du willst. Überhaupt kein Problem.«

Ihre Stimme wird wieder sanfter. Sie kommt auf mich zu, legt ihre Hände auf meine Schultern und sieht mich ganz merkwürdig an. Hilflos irgendwie.

So hat Mutter manchmal geguckt, bevor sie mir eine verpasste.

»Kommst du nun mit?«

Ich gehe mit. Was soll ich auch anderes machen? Nein sagen is nich. Vielleicht überlegt Hedy es sich sonst nochmal.

Außerdem: Janis ist okay. Ich hab ihn besucht, einen Tag nach dem Unfall. Nachdem ich mit Hedy die halbe Nacht im Krankenhaus gehockt hab, während die Docs versuchten, seinen Fuß zu retten.

Dann sind sie gekommen und haben gesagt, dass nichts zu machen ist. Hedy ist total blass und durchsichtig geworden. Ich dachte schon, dass sie jeden Moment in Ohnmacht fällt. Aber sie ist zäh.

Erst als die beiden Docs wieder verschwunden sind, ist sie

zusammengeklappt. Hat sich in meine Arme geschmissen und total losgeheult.
Ich konnt das nicht ertragen. Es ging einfach nicht. Irgendwie war alles ganz kalt in mir drin. Außerdem war ich ja selbst noch total geschockt. Ich hab immer nur den Ball gesehen und den Lkw gehört. Vielleicht ist in dem Moment eine Sicherung bei mir durchgeknallt und ich bin in eine andere Existenz geraten.
Wenn ich durch Hedys Wohnzimmer geh …
Wenn ich in diesem Bett schlaf …
Manchmal denke ich, dass ich jeden Augenblick aufwache und in die grünen Augen dieser Schwester guck, und die mich dann anlächelt wie eine böse Hexe und flüstert: »Siehst du, schon wieder ein Monat um. Bald gehört dein Baby mir.«
Keine Ahnung, wieso ich so eine Panik habe, *dass man dich mir wegnehmen könnte*. Das ist doch komplett schizophren.
Ich will dich nicht.
Ich weiß ja nicht mal, ob ich gerade wirklich leb oder in einem Film. *Wie soll ich dir da zeigen, wo dein Platz ist?*

Der Krankenhausgeruch ist allerdings sehr real. Diese Mischung aus Desinfektionsmittel und Kranksein. Es ist mir ein Rätsel, wie man an so einem Ort Kinder zur Welt bringen kann.
Oder ihnen sagen, dass sie nie wieder Fußball spielen werden.
Janis reagiert überhaupt nicht. Er guckt Hedy bloß an mit seinen riesigen braunen Kulleraugen, während sie sich tierisch einen abstammelt.

Ich sitze am Fußende und beobachte ihn verstohlen. Verrückt, dass er so gar nicht drauf reagiert, auch nicht heult, nicht schreit. Sonst schreien Kinder doch immer gleich. Wenn sie normal aufwachsen und geliebt werden.

Nicht so wie ich.

Janis nimmt das Buch, das auf dem Nachttisch liegt.

»Hier, Mama, guck mal, das hat Papi gebracht.«

»So?« Hedy sieht überhaupt nicht erleichtert aus. Eher das Gegenteil. »Wann war der denn hier?«

»Vorhin.«

Janis schlägt das Buch auf. »Guck mal, das Mädchen da hatte auch einen Unfall.«

Sein knubbeliger Zeigefinger gleitet über die bunten Zeichnungen.

»Die kann jetzt immer in dem Ding da fahren.«

»Die kann nicht, die muss«, sagt Hedy harsch.

Sie schaut mich an und beißt sich auf die Lippen.

»Na und«, sagt Janis. »Ist doch lustig.«

Hedys Augen werden feucht. Ich kapier überhaupt nicht, was jetzt wieder los ist. Soll sie doch froh sein, dass Janis das so locker sieht.

»Dieses Arschloch!«, sagt sie, als wir die Stufen zum Parkplatz hinunterlaufen. »Das ist mal wieder so typisch für ihn. Kümmert sich wochenlang überhaupt nicht und dann so was.«

»Du meinst Janis' Vater?«, frage ich vorsichtig.

»Wen sonst?«

Mit schnellen, straffen Schritten rennt sie zum Wagen. Ein dunkelblauer BMW-Kombi. Total cool.

Die Blinker flackern und Hedy reißt die Fahrertür auf.

Ich setz mich nach hinten. Vorne wird mir übel. Hinten auch, aber da geht es.
»Das ist so, wenn man schwanger ist«, sagt Hedy.
Sie legt ihren Kopf zurück gegen die Stütze und schnauft noch immer vor Wut.
»Ich möchte wissen, was der ihm wieder erzählt hat, dass er das jetzt nicht ernst nimmt.«
»Was meinst du?«
Hedy atmet heftig ein und aus. Dann schlägt sie aufs Lenkrad. Immer und immer wieder.
Ich bin richtig erschrocken, drücke mich ganz in die Ecke und warte, dass es vorbei ist.
»Tut mir Leid«, sagt Hedy. »Ich wollte dich nicht erschrecken.« Ihre Schultern sinken zusammen, ihr Kopf fällt nach vorne. »Ich bin einfach nur wütend auf ihn. Anstatt mich anzurufen.« Sie dreht sich zu mir um. »Glaubst du, der ruft mich an?«
»Und woher weiß er's dann?«, frage ich.
Dass Hedy und ihr Mann getrennt leben – und er nicht auf Geschäftsreisen ist, wie ich zuerst dachte –, kann ich mir mittlerweile an allen zehn Fingern abzählen.
»Na, woher wohl?«, faucht Hedy. »Von meinem lieben Herrn Vater.«
Sie startet den Motor, haut den Rückwärtsgang rein und braust los wie eine Bekloppte.
»He, willst du mich umbringen!«, fauch ich sie an.
Sofort tut es mir Leid. Außerdem ist es hirnrissig. Ich hätte mich ja eh fast umgebracht.
Hedy wirft mir einen kurzen Blick zu.
»Nur keine Panik, ich kann fahren.«
»Schon gut«, sage ich. »War ja nicht so gemeint.«

Mit der Zeit wird sie wieder ruhiger. Das Durch-die-Stadt-Kutschieren scheint ihr gut zu tun.
Hinter dem Bahnhof hält sie plötzlich an. Mitten auf der Straße. Sofort geht ein Hupkonzert los.
»Arschlöcher, alle wie sie da sind«, schimpft Hedy. »Denkst du, eine Frau würde das machen?«
Keine Ahnung.
»Ach, Scheiße, Mensch. Wir fahren jetzt erst mal zu Abel.«
»Wer ist denn das schon wieder?«, frage ich. »Etwa Janis' Vater?«
Hedy schüttelt den Kopf und wendet. Die Huperei hinter uns steigert sich infarktmäßig.
»Diese Blödmänner«, sagt Hedy und lacht. »Macht richtig Spaß, die zu ärgern.«
Ihre Wut scheint also verraucht zu sein.
»Wer ist Abel?«, frage ich nochmal.
Hedy streckt dem Typ in dem silbergrauen Mercedes vor uns die Zunge raus. »Guck mal, wie rot der ist. Wetten, der explodiert gleich.«
Mir doch egal.
»Ist Abel Janis' Vater?«
Hedy schüttelt den Kopf. »Nee«, sagt sie. »Abel ist mein genialer Bruder.«

Für mich ist Abel erst mal klein. Kaum größer als Hedy und genauso zartgliedrig, aber dabei sehr kantig irgendwie. Schmales Gesicht, gerade Nase, breites Kinn, genauso übergroße Hände. Nur die Augen sind anders. Sie sind warm und braun. Schokoladenbraun.
»Das ist Kam«, sagt Hedy. »Sie hat Janis gerettet.«

Er gibt mir die Hand. Die Wärme darin flutet mir bis zur Schulter. Wahnsinn!
»Hallo. Kommt rein.«
Abel führt uns einen ellenlangen Flur entlang. Der mündet in einem riesigen Raum voller Bilder. Wahnsinnsbilder. Halb weiß, halb Menschen, die kaum zu erkennen sind und doch total intensiv.
Ich starre sie an und kapier es nicht. Wie kann man so etwas können?
»Genial, nicht«, sagt Hedy. »Hab ich doch gesagt.«
»Sind Sie …?« Ich weiß nicht, wie ich es ausdrücken soll. Ein Maler? Berühmt? Bekannt?
Ich komm mir so idiotisch vor.
So klein.
»Kam ist schwanger«, sagt Hedy. »Siehst du.« Sie streicht mir über den Bauch.
Wie kann sie nur!
»Ich lass es wegmachen«, sage ich.
»Bist du verrückt! Das ist doch viel zu spät jetzt!«
Es ist das erste Mal, dass sie ihre Meinung dazu sagt. Ich hab nicht erwartet, dass sie anders darüber denkt.
»Ich mag Kinder«, sagt Abel. Er lächelt mich an. »Aber manchmal gibt es keinen Platz für sie.«
Sein Blick geht mir durch und durch. Mannomann, der versteht mich. Endlich einer, der mich versteht.
»Wie geht's Janis?«, fragt Abel.
Hedy lässt sich in die Insel aus blauen Kissen, die in der Mitte des Raums gestapelt sind, fallen.
»Carlo, der Idiot hat ihm ein Buch geschenkt. Über ein Mädchen, das im Rollstuhl sitzt.«
»Und?«

»Was und? Scheiße und!« Sie fuchtelt mit ihren großen Händen in der Luft herum. »Jetzt redet er nicht mehr mit mir.«
»Carlo?«, fragt Abel. »Oder Janis?«
»Janis natürlich. Ich wollte ihm heute sagen, dass er nie mehr Fußball spielen wird, aber das ging nicht. Er hat nur von dem Buch geredet. Und wie cool ein Rollstuhl ist. Dabei hab ich extra Kam mitgenommen. Janis mag sie.«
»Im Rollstuhl kann man auch Fußball spielen«, sagt Abel.
»Darum geht's doch gar nicht«, sagt Hedy.
»Find ich schon.«
Er schlendert auf die kleine Anrichte an der hinteren Wand zu. Sein Gang ist total lässig. – Nein, das ist das falsche Wort. Irgendwie passt alles zusammen, ohne cool zu wirken. Ich hab noch nie jemanden so gehen sehen.
»Möchtest du was trinken?«, fragt er mich.
Wieder dieses Lächeln.
»Abel ist Meister im Ablenken«, sagt Hedy. »Aber er ist der Einzige, der mich versteht. Zumindest tut er so. Außerdem kann er Carlo nicht leiden.« Sie wirft ihm einen scharfen Blick zu. »Deshalb krieg ich auch nicht in den Kopf, wieso du ihn dauernd in Schutz nimmst.«
»Tu ich doch gar nicht«, erwidert Abel. Er guckt Hedy kurz an, dann wieder mich. »Ich versuche bloß, ihre Sichtweise ein bisschen zu entzerren. Es bringt nämlich überhaupt nichts, sich ständig in etwas hineinzusteigern.«
»Mach ich überhaupt nicht«, sagt Hedy jetzt. »Verdreh bitte nicht alles.«
Abel öffnet eine der beiden Schranktüren der Anrichte. Dahinter befindet sich ein Kühlschrank.
»Cola?«

Ich nicke.
Er füllt drei Gläser. Eins reicht er Hedy, eines mir. Dabei berühren sich unsere Fingerspitzen. Es dauert weniger als eine Sekunde, aber es ist der Hammer.
»Das Einzige, was zählt, ist doch, dass Janis mit seiner Prothese zurechtkommt«, sagt Abel. Er stellt sein Glas auf dem Boden ab, lässt sich neben Hedy in die Kissen fallen und legt ihr einen Arm um den Nacken. »Oder?«
»Aber wie soll er das, wenn Carlo …?« Sie stockt. Schließt die Augen. »Mein Gott, ich kann mir das noch gar nicht vorstellen!«
»Siehst du …« Abel drückt ihr einen Kuss auf die Backe und grinst. »Es geht dir wieder mal nur um dich.«
Hedy stupst ihn in den Bauch. »Blödmann!«
Plötzlich ist sie wie verwandelt. Als ob er sie verzaubert hätte.
Ich umklammere mein Glas und hocke mich ebenfalls in die Kissen. Sodass ich sie beobachten kann. Wie sie miteinander reden. Wie sie sich anschauen.
So viel Vertrautheit.
Auf einmal hasse ich meine Mutter einfach bloß dafür, dass ich keine Geschwister hatte. Wenn ich zu zweit gewesen wäre, jemanden zum Reden gehabt hätte, vielleicht wäre dann alles anders geworden.
Vielleicht.
Noch immer fühle ich mich total aus der Welt. Wie ein Zuschauer, wie jemand, der nicht teilnimmt. Und auch nur halb versteht, was da überhaupt abgeht.
Ich hab mir immer ausgemalt, wie es bei denen ist, die genug Kohle haben. Die nicht im Siff wohnen, sondern in schönen Häusern, die andere für sie sauber halten.

Jetzt seh ich es ganz konkret an Hedy. Jeden Tag. Und je mehr ich sehe, desto weniger kapiere ich. Nicht weil mein Gehirn so klein ist. Nein, einfach, weil es so fremd ist.
Ich höre den beiden zu, wie sie über Janis' Vater reden und über ihren Vater. Ihren ganzen Familienscheiß.
Die Einzelheiten sind neu und genauso fremd für mich wie die Welt, in der sie leben. Aber das Gesamte, das klingt verdammt vertraut.
Hedys und Abels Vater scheint genauso ein Tyrann zu sein wie meine Mutter. Auch er hat seine Kinder geschlagen und erpresst. Versuchte sie so zu formen, wie er sie haben wollte. Natürlich nicht so wie bei mir. Er hat es viel schlauer und geschickter angestellt. Außerdem hat Mutter mich doch nur deswegen zusammengefaltet, damit ich die Schnauze halte und sie in Ruhe lasse. Hedys Vater hatte was ganz anderes im Sinn: Er wollte mit seinen Erziehungsmaßnahmen sein schönes Familienimperium retten.
»Am liebsten wär's ihm doch, wenn ich mich wieder mit Carlo versöhne«, sagt Hedy. »Dann könnte er ihm alles vererben. Du willst es ja nicht.«
Abel nippt an seiner Cola. »Nee, vielen Dank. Sein Unternehmen ist unnötiger Ballast für meine Künstlerseele.«
»Ja, ja und ich darf's wieder ausbaden«, gibt Hedy zurück.
»Klar, bist ja auch meine große Schwester.«
»Du machst es dir einfach«, sagt Hedy. »Wie alle Männer.«
»Was hindert dich denn daran, es genauso zu handhaben?«, erwidert Abel.
Hedy schaut zur Decke und seufzt. »Ich weiß auch nicht. Vielleicht die Tatsache, dass ich eine Frau bin.«

Den ganzen Abend über ist Hedy ungewöhnlich still. Mir ist auch nicht nach Reden.
Wir hängen nebeneinander vor dem Fernseher, gucken den Krimi und gucken ihn doch nicht. Hedy ist mit ihren Gedanken woanders. Das sieht man. Und ich bin es auch.
Dieser Abel lässt mich nicht los.
Klar, ich habe diese Typen schon immer gesehen. Sie liefen in der Gegend herum und waren absolut unerreichbar. So, als ob sie neben mir auf einer anderen Ebene lebten, zu der es keinen Durchgang gab. Zumindest hab ich das immer geglaubt.
Und dann hab ich doch eine Tür geöffnet. Einfach, indem ich einem kleinen Jungen das Leben gerettet habe.
Vielleicht sollte das alles so sein. Vielleicht ist Abel meine Rettung. *Unsere Rettung.*
Plötzlich kann ich mir vorstellen, dass du da bist. Das erste Mal. Es ist wie ein Funken in meinem Herzen. So ein winziges Licht.
Ich sehe dich spielen. Wie du auf deinen kurzen dicken Beinchen lauthals lachend in die blauen Kissen stürzt. Wie Abel dich hochhält und dich schüttelt. Wie ihr zusammen Unmengen von Farben auf weiße Leinwände schmiert.
Es würde ein schönes Leben sein. Auch ohne Papas Imperium. Wem soll er seine ganze Kohle denn vererben? Janis vielleicht. Wenn er es Hedy und Abel nicht geben will.
Und Abel würde es ja eh nicht nehmen. Er will von seiner Kunst leben, hat er gesagt, noch mehr Bilder verkaufen. Dabei ist seine Wohnung schon ziemlich klasse. Sie würde völlig reichen.
Ich müsste nie wieder zu Mutter zurück. Oder doch – ich denke, ich würde sie eines Tages besuchen. In feinen Kla-

motten *und mit dir auf dem Arm.* »Guck mal, du alte Schlampe«, würde ich sagen. »Ich hab's geschafft. Kohle und ein Kind, das ich besser behandeln werde als du mich. Tja, das hättest du nicht gedacht, was?«

Bestimmt würde sie mich anflehen, dass ich ihr was abgeben soll von meinem ganzen Reichtum. Aber geschissen. Nicht einen verdammten Cent würde ich ihr dalassen. Nicht mal für die Möbel, die ich ihr versaut habe. Die soll sie so behalten, wie sie sind. Damit sie mich nie vergisst.

»Kannst du morgen mal alleine zu Janis gehen?«, höre ich Hedy fragen. »Vielleicht kriegst du aus ihm raus, wie es ihm wirklich geht.«

Ich? Warum nicht sie? Oder Carlo? Wieso ausgerechnet ich?

Natürlich geh ich trotzdem. Gleich morgens um halb zehn steige ich in die Straßenbahn. Irgendwie läuft wieder dieses Programm in meinem Kopf. Wenn ich nicht mach, was Hedy will, schmeißt sie mich raus.

Dann geh ich eben zu Abel, denke ich, aber das ist ja eh nur Spinnerei.

Nach zwanzig Minuten ist die Bahn am Krankenhaus. Es sind nur ein paar Schritte bis zum Haupteingang. Mein Herz klopft und ich komm nur schwer die Treppe rauf. So atemlos bin ich auf einmal. Was soll ich ihm sagen?

Was würde ich dir sagen?

Keine Ahnung, ich weiß ja nicht mal, wie du aussiehst. Und ob du überhaupt Fußball spielen würdest. Vielleicht kommst du sowieso ohne Füße zur Welt. Oder ohne Gehirn.

»Man müsste es dir aus dem Schädel schlagen, dein verdammtes Gehirn!«, schreit Mutter.
Ich knie am Boden und ziehe den Kopf ein, damit ihre Hand mich nicht trifft. Um mich herum tausend Scherben. Es ist die Vase von Oma Klauss. Ich hab sie kaputt gemacht.
Weil ich dachte, sie müsse mal sauber gemacht werden.
Weil ich dachte, Mutter würde sich drüber freuen.
Dann war sie so glitschig von dem ganzen Spüli, dass sie mir aus den Händen gerutscht ist.

Ich bin genauso hirnlos wie du.
Ich hätte es wissen müssen. Aber ich wollte offenbar unbedingt auf diese Scheißwelt.
Es muss doch einen Sinn gehabt haben.
Es muss doch einen Sinn haben.
Es muss.
Vielleicht Janis.
Vielleicht sollte ich ihm einfach das Leben retten und mich dann verabschieden.
Vielleicht kommt mir deshalb alles so unwirklich vor.

»Hallo, du!«, schreit Janis.
Er sitzt in seinem Bett und blättert in dem Buch, das sein Vater ihm geschenkt hat.
Ich setze mich ganz hinten auf die Bettkante.
Wie er sich freut!
»Wann kommt Mama?«
»Später«, sage ich. »Sie muss noch arbeiten.«
Das scheint er zu fressen. Er nickt und hält mir das Buch unter die Nase.

»Liest du mir die Geschichte von Schanette vor?«
»Schanette? Wer ist das denn?«
Ich nehme das Buch, drehe es herum und lasse meinen Blick über die Zeilen gleiten. Wie lange hab ich nichts mehr gelesen! *Jeanette* fällt mir trotzdem sofort ins Auge.
»Das ist französisch«, sage ich.
»Genau.« Janis grinst. »Hat Papa mir schon erklärt.« Er legt den Kopf in den Nacken und schließt die Augen. »Schanette. Klingt doch cool, oder?«
»Ja«, sage ich. »Und ich soll das wirklich alles nochmal lesen? Obwohl du's schon kennst?«
Janis nickt.
»Okay.«
Ich schlage die Beine übereinander und fange an zu lesen. Es ist holprig, denn ich stolpere über jedes dritte Wort. Nach einer halben Seite nimmt Janis mir das Buch wieder weg.
»Du kannst das nicht«, sagt er, klappt es zusammen und schiebt es unter sein Kopfkissen. »Ich erzähl dir das mal.«
Am intensivsten erzählt er mir die Stelle, an der *Schanette* zum ersten Mal in ihrem Rollstuhl sitzt und das mit dem Lenken nicht klappt.
»Sie fährt immer gegen die Klotür und den Schrank und das Regal«, erzählt Janis und lacht. »Einmal fällt alles raus. Sie kriegt das fetteste Buch auf den Kopf und hat 'ne Riesenbeule.«
»Und so was findest du lustig?«
Er nickt.
»Aber später kann sie das richtig gut. Und sie fährt nirgendwo mehr gegen und kriegt auch kein Buch auf den Kopf. Sie gewinnt sogar das Wettrennen gegen Marco.«
»Der sitzt auch im Rollstuhl?«, frage ich.

»Nee, der hat so ein Superfahrrad mit fünfzehn Gängen. Aber Schanette ist trotzdem schneller.«
»Du kriegst aber keinen Rollstuhl«, sage ich.
»Doch.«
»Nein.«
»Doch.«
»Wer sagt das?«
»Der Doc mit der Brille.«
»Ach, vergiss es. Ärzte reden doch immer irgend 'n Zeugs.«
»Tun sie nicht«, sagt Janis.
»Wohl.«
»Mann, bist du blöd!«
Ich sehe ihn an. Sein kleines ovales Gesicht mit den blonden Strubbelhaaren und den großen braunen Augen.
»Dann bin ich eben blöd«, sage ich.
Janis lässt sich in sein Kopfkissen fallen und schaut mich an. Ob ihm klar ist, dass ich ihn vor dem Laster weggezogen habe?
»Ich hab nur noch einen Fuß«, sagt er plötzlich. »Ich bin der Einzige in meiner Schule mit nur einem Fuß.«
Seine Augen sind ganz normal. Nicht traurig. Nicht entsetzt. Alles im grünen Bereich.
»Findest du das auch cool?«, frage ich.
Er antwortet nicht sofort.
»Ich weiß noch nicht. Im Winter war ich Torjäger.«
»Das kannst du knicken«, sage ich. »Mit nur einem Fuß.«
»Ja«, sagt Janis. Er setzt sich wieder auf. »Wann kommt Mama?«
Auf einmal ist sein Blick doch traurig.

April

Das Leben ist Scheiße. Egal, wo ich bin.

Das mit Abel war nur ein blöder Traum. Ich war nie mehr dort. Und er kommt auch nicht zu Hedy.

»Das war schon immer so«, sagt sie. »Abel malt den ganzen Tag. Eigentlich braucht er niemanden außer sich selbst. Aber ich liebe ihn trotzdem. Vielleicht, weil er tut, was ihm gefällt. Und ich nicht.«

»Und warum nicht?«, frage ich. »Ich meine, warum tust du nicht, was dir gefällt? Du hast doch genug Kohle.«

»Das sieht nur so aus.« Sie guckt mich an. »Entschuldigung«, sagt sie dann. »Ich hab dich nie gefragt, aber mir ist schon klar …«

»Gar nichts ist dir klar«, sage ich. »Du hast doch überhaupt keine Ahnung. Du wärst dein ganzes Leben an mir vorbeigelaufen, wenn ich nicht zufällig deinen Sohn gerettet hätte.«

»Stimmt«, sagt Hedy. »Das ist ja die Scheiße.«

»Lässt du mich deshalb bei dir wohnen?«

»Vielleicht.« Ihr Blick wandert runter zu meinem Bauch. »Ganz schön rund ist der schon.«

»Ja«, sage ich.

Dabei vermeide ich es, dich anzusehen.

»Was ist mit deinem Freund?«, will Hedy wissen.

»Nix«, sage ich. »Ich hab keinen.«
»Du hast also nur einmal und …«
»Und wenn? Das ist doch meine Sache.«
Ich will nicht mehr an Ronny erinnert werden. An diesen ganzen Mist. Ich schäme mich, dass ich so einen mal geliebt habe.
Geliebt, was heißt das schon!
»Warum bist du so patzig?«
Ich antworte nicht, gucke einfach an ihr vorbei.
»Du löcherst mich doch auch«, sagt Hedy.
Ich stehe vom Sofa auf und will aus dem Zimmer.
»Ich hau ab«, sage ich.
»Wie? Wo willst du denn hin?«, fragt Hedy.
»Denkst du etwa, ich habe kein Zuhause?«, brülle ich. »Keine Mutter, die für mich sorgt?«
»Ja, genau das denke ich«, sagt Hedy. »Warum würdest du sonst dein Kind so hassen?«
»Ich hasse es nicht!«
Meine Stimme überschlägt sich fast. Meine Augen brennen. Aber ich will nicht heulen. Ich will nur noch weg.
»Ich weiß«, sagt Hedy.
Ihre Stimme ist so sanft. Sie hält mich im Türrahmen fest.
Ich stehe mit dem Gesicht zum Flur und heule.
Mein Bauch ist hart und tot.
Hedys Hand auf meiner Schulter ist warm und lebendig.
Ich habe nicht gehört, wie sie näher gekommen ist. Sonst hätte ich es nicht zugelassen.
Ich kann es nicht ertragen, wenn mich jemand berührt.
Nicht du von innen. Nicht Hedy von außen.
Dabei habe ich es mir mein ganzes Leben lang gewünscht.

Bei Mutter. Bei Ronny.
Und jetzt halte ich es nicht aus.
»Kam, ich bin doch nicht blöd. Ich kann mir ungefähr denken, wie du gelebt hast.«
Plötzlich schlägt alles in mir zusammen. Wie eine dunkle Wolke, die sich über mich legt und kein Fünkchen Licht mehr am Himmel übrig lässt. Alles auf einen Punkt reduziert. Auf ein einziges Gefühl.
»Ich will nicht, dass du so über meine Mutter redest!«, höre ich mich schreien.
Von außen.
Aber der Schrei ist auch in mir. In meiner Brust. In meinen Gedanken. Überall. Es gibt keine Grenzen von innen und außen.
Zum ersten Mal spüre ich, wie zerrissen ich bin.
»Ich hab doch gar nichts über sie gesagt.« Hedys Stimme klingt plötzlich ganz klein. »Ich wollte dir nicht wehtun. Ich konnte doch nicht wissen …«
»Ich auch nicht«, sage ich leise und gehe nach oben in mein Zimmer.

Die Nacht ist schrecklich. Ich will nicht denken, aber mein Gehirn tut nichts anderes.

Es ist kalt. Wie ein Bad in einem zugefrorenen See. Ich verhalte mich still. Versuche nicht zu wachsen. Vielleicht wird ja alles gut. Ich bin in ihr und höre alles.
Was sie sagt. Was sie denkt.
Sie will mich nicht. Sie hat Angst.
Angst, dass es nicht mehr weitergeht.
Angst, dass sie keiner mehr will, mit einem Kind.

Manchmal gibt es nicht mal Wohnungen, wenn man allein ist als Frau mit einem Kind. Geschweige denn einen Job.
Ich fühle mich schrecklich.
Schuldig.
Ich möchte weg.
Ich will abhauen, aber ich weiß nicht, wohin.
Damals gab es einen Weg: Ich wurde geboren. Eine Weile dachte ich, ich bin gerettet. Bis ich das erste Mal auf die Flasche warten musste. Stundenlang. Da wusste ich, dass ich allein bin. Und diese Erkenntnis war kälter als der See, in dem ich neun Monate lang ganz still gelegen hab.

Ich kann nicht still liegen, aber die Auf- und Abrennerei macht mich wahnsinnig.
Ich könnte alles zusammenschlagen, aber das kann ich auch nicht.
Es gehört nicht mir. Es gehört nicht meiner Mutter. Es gehört Hedy.
Auch, wenn es ihr nichts bedeutet. Ich kann es trotzdem nicht. Oder vielleicht auch gerade deshalb.
Ich denke an die Stunden, die ich im Januar vor der Commerzbank im Schnee verbracht habe und später vor Ronnys und Kalles Tür.
Es kommt mir genauso weit weg vor wie das, was ich gerade erlebe. Ich befinde mich im Nichts, im Niemandsland, in der Unwirklichkeit, in der Neutral-Null-Zone. Und damit in der absolut finalen Handlungsunfähigkeit.
Ich kann nicht mehr sterben, aber ich weiß auch nicht, wie ich leben soll.

Am nächsten Morgen steht Abel vor der Tür.
Hedy ist nicht da. Sie arbeitet irgendwas in der Firma ihres Vaters. Nachher kommt Janis nach Hause. Sie wird ihn abholen. – Logisch.
»Hallo«, sagt Abel. »Kam?«
Ich nicke. Fühle mich ganz steif.
»Hedy nennt dich so, stimmt's?«
»Ja, eigentlich heiße ich Kamala.«
Ich komme mir vor wie ein Kleinkind.
»Schöner Name.« Plötzlich steht er vor mir. Ganz nah. »Schöner Name, schönes Mädchen.«
Er lächelt und ich bin wie eingefroren.
Er hat die Hände in den Hosentaschen. Lässig. Meine hängen herunter. Wie Stöcke.
»Hedy ist nicht da.«
»Ich weiß«, sagt Abel und lächelt noch mehr.
Es ist nicht zum Aushalten.
»Kommst du mit?«, fragt er.
»Wohin?«
»Raus. Ein bisschen spazieren gehen.«
Ist er deshalb gekommen? Um mit mir durch die Stadt zu latschen? Mit mir?
Nein, Kam, es ist völlig unmöglich, dass er wegen dir gekommen ist.
Dabei hab ich vor ein paar Tagen noch geträumt …
Ich folge ihm wie in Trance.
Renne neben ihm her.
Er macht ziemlich lange Schritte. Und ich komme mir wieder vor wie ein Kind.
Plötzlich bleibt er stehen. Legt seinen Arm um meine Schulter.

»Entschuldige. Ich hab nicht dran gedacht. Du kannst ja gar nicht so schnell. Hedy war auch so schrecklich kurzatmig, als Janis noch in ihrem Bauch wohnte.«

In ihrem Bauch wohnte … Wie er das sagt.

Wohnst du auch in mir?

Nein, das kann nicht sein. In mir kann man nicht wohnen.

»Schade, dass du dich nicht auf das Baby freuen kannst«, sagt Abel.

Er nimmt seinen Arm herunter und geht weiter.

Ich fühle mich bestraft.

Bestimmt hat Hedy ihn zugequasselt, dass er mit mir redet.

Bestimmt hat sie gemerkt, dass er mir gefallen hat.

Und jetzt denkt sie, er hat irgendwie Einfluss auf mich. Geschissen! Ich hab sie durchschaut.

Wieso wollen sie alle nur dich?

Warum geht es nicht wenigstens mal einem von ihnen – diesen anderen aus der besseren Welt – um mich?

Weil ich Dreck bin?

Nicht liebenswert?

Stoßenswert?

Schlagenswert?

Bin ich nur da, damit andere sich an mir abreagieren?

Vielleicht.

Vielleicht sind manche Menschen tatsächlich so blöd und kommen einzig und allein deshalb auf die Welt, um ausgenutzt und geschlagen zu werden.

Du gehörst auch zu denen.

Du musst zu denen gehören.

Ich bin stehen geblieben. Abel ist weitergegangen. Als er

merkt, dass ich nicht mehr hinter ihm bin, dreht er sich um und kommt zurück.
»Was ist? Hab ich was Falsches gesagt?«
»Warum rennst du mit mir durch die Gegend?«
»Warum?« Er guckt mich an. Ein bisschen ungeduldig. Dann ist sein Blick plötzlich wieder sanft.
»Weil du mich interessierst.«
»Wieso?«
»Weil du so einen schönen Namen hast.«
»Kamala heißt Hure. Steht im Siddhartha.«
Er guckt mich überrascht an.
»Bist du sicher?«
»Keine Ahnung. Meine Mutter hat's gesagt.«
»Dann muss es ja stimmen.«
Er grinst und geht weiter.
»Was meinst du damit?«
»Dass Mütter immer Recht haben. Und Carlo alles falsch macht.«
Ich hole ihn ein.
»Bist du sauer auf Hedy?«
»Manchmal schon. Sie ist immer so unentschlossen. Lässt sich treiben.« Abel seufzt. »Aber ich liebe sie trotzdem. Oder gerade deshalb. Ich weiß auch nicht.« Er lacht und seine Schokoaugen mit ihm. »Frauen sind mir einfach ein Rätsel.«
Ich schaue nach unten, weiß nicht, was ich sagen soll.
Für Ronny sind Frauen keine Rätsel. Das ist sicher. Er weiß genau, wie's geht.
Wie er sie kriegt. Wie er sie fertig macht.
»Ich glaube allerdings nicht, dass du eine Hure bist«, höre ich Abel sagen.

Es klingt nicht wie ein normaler Satz. Einer, der einfach so gesagt ist. Sondern wie einer, hinter dem eine Frage steht.
Neugier.
Unsicherheit.
Interesse.
Ich schweige. Obwohl ich jetzt reden könnte. Obwohl ich weiß, dass er mir zuhören würde.
Aber es ist meine Geschichte.
Ich kann sie niemandem erzählen.
Ich würde sie am liebsten vergessen.
Ich spüre, dass Abel mich anschaut. Ein paar Sekunden, die so lang wie eine Ewigkeit sind. Ich bleibe einfach stehen mit dem Blick auf den Boden – ohne was zu sehen.
Dann geht er weiter. Ich hinter ihm her. Zwei Schritte Zwischenraum.
Ich könnte mich umdrehen und zurückgehen, aber ich bin wie an einer Schnur gezogen. Er muss mich für total bescheuert halten. – Egal!
Nicht egal.
Mein Herz klopft.
Plötzlich bleibt er auch stehen. Vor uns ist eine Straße. Ich hab sie gar nicht bemerkt.
Auf der anderen Seite sind Bäume. Eine Wiese und Bänke.
Dahinter der Fluss.
Ich war lange nicht dort. Mit acht, neun Jahren vielleicht.
Abel nimmt meine Hand.
»Warum gehst du hinter mir? Was hab ich getan?«
»Nichts«, sage ich.
Ich spüre seine Hand in meiner und mein Herz fängt an zu tanzen.

Abel lässt ein paar Autos vorbei, dann zieht er mich hinüber. Wir gehen bis zum Ufer. Setzen uns auf die Steine. Ziehen unsere Schuhe aus.
Das Wasser ist kühl.
Wir sitzen so eng, dass unsere Schultern sich manchmal berühren.
Wir sehen aufs Wasser. Sehen alle paar Minuten ein anderes Bild. Andere Schiffe, Boote, Enten, Sonnenlicht.
Wir reden kein Wort.
Als das Abendrot nur noch ein schmaler roter Streifen über dem anderen Ufer ist, stehen wir auf.
Wir laufen nebeneinander zurück.
Zehn Meter von Hedys Wohnungstür entfernt, küsst Abel mich auf die Stirn und geht.

Es ist ein neuer Schmerz. Einer, der mir unbekannt ist. Nicht dieses Glühen, wenn Ronny Lila geknutscht hat. Eher so bitter wie der, den ich spürte, wenn Mutter mich in die Ecke gestoßen hat.
Und gleichzeitig so süß wie ein Traum.

»Wo bist du gewesen?«, fragt Hedy.
»Ich war mit Abel.«
»Du bist ja verrückt.«
»Wieso?«
»Du solltest dich nicht auf ihn einlassen.«
»Wieso nicht?«
»Er ist ein Künstler. Er ist genial. Aber er hat vergessen, wie man lebt.«
»Und du?«, sage ich.
Es ist eine Frage, die einfach so kommt.

Sie lässt sich treiben, hat Abel gesagt.
Hedy schluckt und ich weiß, er hat Recht. Nicht sie.

Er legt den Arm um meinen Hals und ich drücke mich an ihn.
Ich fühle mich ausgesaugt wie ein Schwamm.
Und ich küsse ihn, als ob danach die Welt stehen bliebe.
Die Ohrfeige kommt wie aus dem Nichts.
»Flittchen!«

Flittchen. Flittchen. Flittchen. Flittchen. Flittchen. Flittchen.
Ich sause hoch. Bin heiß und verschwitzt.
Ich habe geträumt.
Nur geträumt.
Es dauert trotzdem eine Weile, bis ich mich wieder beruhigt habe.
Es war nur ein Traum.
Die Vergangenheit.
Die Zukunft, die liegt jetzt vor mir. Und die heißt Abel.
Der Nachmittag mit ihm ist auf ewig in mein Herz gebrannt. Obwohl wir nur gesessen haben.
Obwohl wir kein Wort miteinander gesprochen haben.
Obwohl sich nur ab und zu unsere Schultern berührt haben.
Oder gerade deshalb.
Alles war anders. Anders als mit Ronny, Kalle, der Kröte und allen davor.
Abel ist ein völlig anderer Mensch. Er ist so, wie ich nie gedacht hätte, dass ein Mensch, ein Typ, sein kann.
So still.

So sanft.
So rücksichtsvoll.

Eine ganze Woche höre ich überhaupt nichts von ihm.
Die Sehnsucht beginnt, mich zu zerfressen. Es kann doch nicht sein, dass es nur eine kurze Geschichte war.
Abel muss doch auch etwas gefühlt haben.
Ja, ich bin mir ganz sicher, er hat das Gleiche gefühlt wie ich.
Und dann ist er plötzlich wieder da.
Natürlich wieder an einem Tag, an dem Hedy weg ist. Mit Janis beim Doc wegen dieser Prothese.
Er sieht mich an mit seinen großen Schokoladenaugen. Und ich könnte einfach so wegschmelzen.
»Wieso kommst du immer nur dann, wenn Hedy nicht da ist?«
Abel wendet sich ab und schlendert in die Küche. Wie selbstverständlich. Als ob alles ihm gehörte. Ich höre, wie er die Kühlschranktür öffnet und wieder schließt. Dann kommt er zurück mit zwei Flaschen in den Händen.
»Wein oder Wasser?«
Ich stehe immer noch an der gleichen Stelle.
»Weil ich mit dir allein sein will.«
Keine Ahnung, was ich darauf sagen soll.
Ich weiß nicht wieso, vielleicht weil ich wieder so steif bin, *aber plötzlich drehst du dich im Kreis. Als ob du einen Salto machst.*
Ich zucke zusammen, halte mir den Bauch. Irgendwie bin ich total erschrocken.
»Was ist?«, fragt Abel. »Tut dir was weh?«

»Nein.« Ich schüttel den Kopf. »Es ist nur ... Er hat sich bewegt.«
»Darf ich ...?« Abels Fingerspitzen berühren meinen Bauch. »Ich hab noch nie ein Baby ...«
Ich zucke zurück. Dabei will ich eigentlich stehen bleiben. Aber ich halt's einfach nicht aus. Es ist wie ein Stromschlag. Abel zieht seine Hände zurück.
»Was ist?«
»Entschuldigung.«
Er lacht.
»Wofür?«
»Ich wollte nicht ...«
Er guckt mich an. Ganz tief. Für einen Moment gibt es nur seine Augen. Mir wird schwindelig. Ein gutes Gefühl.
»Hat er dich verlassen?«
Ich schüttel den Kopf.
»Du ihn?«
Ich weiß nicht. Habe ich Ronny verlassen? Keine Ahnung. Ich mag nicht drüber nachdenken. Mir wird ganz übel davon.
»Du willst nicht drüber reden«, stellt Abel fest, als ich nicht gleich was sage.
»Hast du keine Freundin?«, frage ich.
»Nein.« Er legt seine Hand auf meine Schulter. Seine Finger streichen über meinen Hals. »Gefällt dir das?«
Was soll ich sagen? Natürlich gefällt es mir. Ich habe mich so danach gesehnt.
»Du zitterst ja.«
Kann sein. Ich fühle gar nichts mehr. Bin nicht mehr da. Ich bin wie gelähmt. Wenn mein Herz nicht so hämmern würde.

Abel streicht meine Haare zurück. Beide Hände sind in meinem Gesicht. Auf meinen Augen, meinem Nasenrücken, meinen Lippen, überall gleichzeitig.
»Du bist wirklich wunderschön.«
Eigentlich unmöglich, dass er mich meint. Ich war nie schön. Hab mich immer hässlich gefühlt.
Aber es klingt gut.
Und es ist kein Traum. Oder doch?
Ich spüre seinen Atem auf meiner Backe. Wie einen warmen Hauch. Er riecht nach Cola und Pfefferminz.
Im nächsten Moment liegen seine Lippen auf meinen. Sie sind sanft und weich. Verspielt. Ganz anders als Ronnys. Die waren immer hart und eintönig.
Ich höre mich seufzen. Wage es nicht, ihn zu berühren. Weil ich Angst habe, dass er zerplatzt.
Aber seine Lippen sind ganz real. Er kann streicheln damit. Wandert über mein Gesicht. Dann küsst er mich. Es ist der Wahnsinn. Ich hab nicht mal geahnt, dass es so geht.
Meine Knie werden weich, ich muss mich an ihm festhalten. Und er fängt mich auf, hebt mich in seine Arme und trägt mich in mein Zimmer.
Ich schwebe. Wie im Film. Es ist nicht wahr. Und es ist es doch.
Auf dem Bett küsst er mich weiter.
Zaghaft tasten meine Hände die glatten starken Muskeln unter seinem Pulli. Es ist der Moment, an dem ich wieder da bin. Und an dem sich alles ändert.
Vorher hab ich es nur geahnt, aber jetzt weiß ich es: Bisher ist mein Leben falsch gewesen.
Mutter. Ronny. Kalle. Die Kröte. Das *La Poême*. Alles.
Plötzlich ist mir klar, dass ich das gewusst haben muss,

damals, als ich klein und hilflos im eiskalten Fruchtwasser lag und trotzdem wuchs und geboren wurde.
Ich muss gewusst haben, oder wenigstens geahnt, dass ich Abel treffen würde.
Ich schlinge meine Arme um seinen Hals und drücke ihn an mich.
Ich werde ihn nie mehr weglassen.
Er löst seinen Mund von meinem und lächelt. »Was ist?«
»Nichts«, sage ich.
»Alles in Ordnung?«
»Klar.«
Er nickt und schaut zu meinem Bauch. »Darf ich jetzt?« Sanft legt er seine Hand darauf.
Ich lasse meine Arme aufs Bett zurücksinken und schaue Abel nur an. Seine dunkelblonden Haare. Die gerade Nase. Er hat ein weiches Profil.
Er sieht gut aus. Gut und gut.
Abel schiebt meinen Pulli hoch und mein T-Shirt. Seine Hand ist ganz warm auf meinem nackten Bauch.
»Ganz fest«, sagt er überrascht. »Wie ein Fußball.«
»Ich weiß auch nicht«, sage ich und gucke zur Zimmerdecke.
Ich spüre, wie seine Hand langsam herumgleitet, alles abtastet.
»Wie heißt er denn?«
»Wer?«
Abel schaut mich an. »Es ist doch ein Junge?«
Ich nicke.
»Und?«
»Ich weiß nicht.«
»Es ist besser, wenn er einen Namen hat.«

»Wieso?«

Dabei ist es schon klar. *Ich will dich nicht nennen. Wenn du einen Namen hast, bist du ein Jemand. Ohne kann ich dich besser ertragen.*

»Warum willst du ihn nicht?«

Ich schweige. *Ich weiß nicht mehr, warum ich dich nicht will. Ich habe es vergessen. Und ich will nicht drüber nachdenken. Du bist noch nicht da. Noch nicht in dieser Wirklichkeit. Dort, wo Abel ist. Auch, wenn er dich mag.*

Soll wenigstens er dich mögen.

Wenn er mich liebt.

Ja, das soll er. Ich will, dass er mich liebt. Und ich will keine Sekunde mehr ohne ihn sein.

»Sag du, wie er heißen soll«, sage ich.

Abel küsst mich. Dann legt er sein Ohr auf meinen Bauch.

»Hörst du, er ist ganz still?«

Nein. Ich höre dich nicht. Es ist gut, wenn du still bist.

Abel küsst meinen Bauch. Er streichelt ihn. *Er küsst dich. Er streichelt dich.*

»Paul«, sagt er und lächelt mich an. »Ich bin mir ganz sicher, es ist Paul.«

»Küss mich«, sage ich. Es kommt ganz leise und rau aus meiner Kehle.

Ich hab noch nie so etwas gefühlt. Und nie habe ich Ronny gesagt, was er tun soll. Wozu auch? Ronny hat sowieso immer nur getan, was er wollte.

Er wollte mich ficken.

Ich wollte ihn spüren.

Ich dachte, es wäre kein Unterschied.

Das leere Gefühl, das war so unerträglich. Ich wollte nicht

darüber nachdenken. Ich wollte immer nur, dass mich jemand berührt. Nur dann wusste ich, dass ich existiere. Ich existiere, weil mich jemand will. Irgendwie. Ganz egal, wie.
Abel kann ich spüren. Ich spüre ihn, wenn er mich berührt. Meine Haut brennt. Alles in mir drin ist ganz warm.
Es war noch nie so warm.
Abel streichelt mich. Und ich ihn.
Wir haben alle Zeit der Welt. Bis wir uns kennen. Jeden Winkel. Jedes Muttermal. Jedes Haar.
Bis nichts mehr ungeküsst ist, vergehen Stunden.
Am Ende weiß ich, wenn ich jetzt sterbe, dann ist alles vorher ausradiert, eingebildet, dann habe ich eben nur für diese paar Stunden gelebt.

»Du hättest ihn rausschmeißen sollen«, sagt Hedy am nächsten Morgen. »Du hättest nicht mit ihm schlafen dürfen.«
»Ich liebe ihn.«
Sie lacht. »Du bist ja verrückt!«
Ich nehme mir zwei Schnitten und ein Ei. So viel Hunger wie heute hatte ich schon lange nicht mehr.
»Und er mich«, sage ich.
»Abel liebt niemanden.«
»Das ist nicht wahr«, sage ich. »Er liebt dich und Janis ... und mich.«
Hedy streicht eine dicke Schicht Butter auf ihr Brot, flucht und kratzt sie wieder runter.
»Abel liebt nur sich selbst.«
»Ist nicht wahr.«
Ich beiße in mein Brot und weiß, dass ich es besser weiß.

Hedy hat keine Ahnung. Sie ist nur seine Schwester. Wie soll sie das überhaupt beurteilen?
»Du steigerst dich da in was rein«, sagt sie.
»Tu ich nicht.«
Sie guckt mich an. Ganz intensiv. »Er hat noch nie eine Frau geliebt.«
»Dann ist es jetzt eben das erste Mal.«
»Du wirst schon sehen.«
»Du auch.«
Sie kann mich nicht erschüttern. Nicht nach der Nacht. Nie wieder kann mich irgendwas erschüttern.
Und überhaupt: Sie liebt ihn ja auch.
Abel ist wunderbar. Auch jetzt, wie er da einfach so aus dem Bad kommt. Barfuß. Nur in seiner Jeans.
»Redet ihr über mich?«
Hedy verdreht die Augen. »Über wen sonst?«
»Über Carlo zum Beispiel«, sagt er.
»Nicht, wenn ich nicht muss«, erwidert Hedy.
»Oder Janis.« Abel küsst mich auf die Stirn und rückt seinen Stuhl zurecht. »Wo ist er überhaupt?«
»Schläft noch«, sagt Hedy. »Im Krankenhaus haben sie ihn ja nicht in Ruhe gelassen.«
Abel setzt sich hin und nickt. »Und?«
»Was und?«, fragt Hedy ungeduldig.
Ich hab das Gefühl, sie ist echt sauer. Wegen mir? Vielleicht ist sie eifersüchtig. Gönnt ihren schönen Bruder keiner anderen. So was soll's ja geben.
»Wann bekommt er seinen fahrbaren Untersatz?«, erwidert Abel.
Er macht kreisförmige Bewegungen mit beiden Armen und brummt dabei wie ein knattriges Auto.

»Du bist kindisch«, sagt Hedy und nimmt sich ein Knäcke. »Aber das warst du schon immer.«
Sie greift nach ihrem Messer und kratzt etwas Butter ab. Ihre Bewegungen sind fahrig. Sie ist blass. Hat dunkle Ränder unter den Augen.
»Ich hab euch die ganze Nacht gehört.«
»Und?«, sagt Abel.
Er lächelt mich an. Seine Augen sind das Geilste, was ich je gesehen habe.
»Kam ist kein Spielzeug«, sagt Hedy.
»Tatsächlich?«
Abels Augen sinken in meine. Er küsst mich auf die Nase. Dann wendet er sich plötzlich wieder Hedy zu. »Du musst dich nicht ewig in meine Geschichten einmischen, okay. Ich weiß selber, was ich tue. Und Kam ist kein Baby mehr. Kümmer dich lieber um Janis. Der braucht dich jetzt.«
»Hau ab!« Sie sagt es leise, aber bestimmt. »Ich fange an zu kotzen, wenn ich dich noch länger ertragen muss.«
Ich bin richtig erschrocken. Hätte nie gedacht, dass da auch Hass ist zwischen all der Liebe und Vertrautheit, die ich am Anfang zwischen ihnen gespürt habe.
Abel schiebt seinen Stuhl zurück.
»Kommst du mit?«, fragt er mich.
Ich stehe ebenfalls auf. Obwohl ich mich wie eine Verräterin fühle.
»Kam bleibt hier«, sagt Hedy.
»Du bist ja nicht ganz dicht«, sagt Abel. »Ich will sie nur malen.«
Hedy lacht. Es klingt nicht gut. Genau genommen, klingt es sogar richtig scheiße.

Ich kapiere überhaupt nichts mehr.
Aber ich folge Abel.
Ich hab mich gestern schon für ihn entschieden.

»Du hättest nicht mitkommen sollen«, sagt er, nachdem er mich geküsst und anschließend in seine blaue Kissenlandschaft geschubst hat.
»Wieso?«
»Hedy ist eine Göttin. Und die sind ziemlich nachtragend.«
»Du spinnst. Hedy ist doch keine Göttin.«
Das sage ich. Und im gleichen Moment ist mir klar, dass ich sie genauso sehe. Die ganze Zeit schon so gesehen habe.
»Hedy tut immer nur Gutes, verstehst du«, sagt Abel. »Sie ist unfehlbar. Aber man darf sie nicht enttäuschen. Ich habe das allerdings schon hunderttausendmal getan.«
»Sie mag dich trotzdem.«
»Sie ist meine Schwester.«
»Na und?«
»Ich habe sie beschützt.«
»Wovor?«
»Vor unserem Vater«, sagt Abel. »Ich habe ihm gezeigt, dass es auf dieser Welt auch noch was anderes gibt als immer nur diesen bescheuerten Betrieb. Ich wollte nie so sein wie er. Insgeheim bewundert Hedy mich dafür. Das Dumme ist, sie weiß nicht, wo es für sie langgeht. Sie kommt ja nicht mal mit Janis zurecht.«
»Ich will auch nicht so sein wie meine Mutter«, sage ich. Und denke: *Wie soll ich mit dir zurechtkommen,*

wenn das nicht einmal eine Göttin mit ihrem Sohn hinkriegt?
Abel lächelt. »Mir reicht es völlig, dass du so bist, wie du bist.«
Und ich krieg nicht genug von diesem Lächeln.

Mai

Wahnsinn. Wahnsinn. Wahnsinn.
Mein Bauch ist so rund wie ein Medizinball *und du bist so munter wie ein junger Hund.*
Abel ist der liebste Mensch der Welt. An eine Vergangenheit kann ich mich nicht erinnern. Vielleicht gibt es Menschen, die keine haben. Und wenn, dann gehöre ich dazu.
Es hat mich noch nie jemand so geliebt.
Und ich, ich hab das auch nicht getan.
Es gibt mir Flügel. Und Kraft. *Auch die Kraft, dich zu lieben.*
Ich freue mich, dass ich dich für Abel auf die Welt bringen kann.
Abel, der dich jeden Tag malt. Dich in meinem Bauch. Wild und farbig. Nur Gefühle.
Paul. Paul. Paul.
Du wirst es gut haben, Besser als ich. Viel viel tausendmal besser. Nicht, weil wir Geld haben.
So viel haben wir gar nicht. Nur so, dass es reicht.
Abel malt und verkauft ab und zu ein Bild. Es ist ehrlich. Es ist gut. Es ist die Sonne. Wie ich schon sagte, der Wahnsinn. Es gibt keine Worte dafür.
Abel verwöhnt mich mit dem, was wir haben. Mal ist es viel, mal weniger. Es kommt nicht so drauf an.

Er fragt nicht, was vorher war, woher ich komme. Nicht mal nach den Narben, die von Ronnys Schlägen geblieben sind.

»Man muss jetzt leben«, sagt er. »Die Vergangenheit ist vorbei und was die Zukunft für uns bereit hält, das weiß kein Mensch.«

Ich gehe tagelang nicht aus der Wohnung. Mache sauber, koche mit Abel was aus den Sachen, die er kauft.

Wenn er weg ist, male ich.

Heimlich.

Anders als er. Viel dinghafter.

Ich male Blumen aus der Phantasie. Schnörkelig und voller Muster, wie bunte Kleider in der Türkei, in Afrika, in Südamerika. Wie ich mir die Welt vorstelle, die ich nie gesehen habe. Ich male genauso wie bei Ronny, nur besser. Weil ich mich frei fühle, endlich frei.

Und du trittst mir von innen in den Bauch und ich spüre, dass du genauso fröhlich wie meine Blumen bist.

Manchmal gehen wir zum Fluss und schauen stundenlang aufs Wasser. Es sind immer die schönsten Stunden, wenn ich meinen Kopf gegen seine Schulter gelehnt habe und einfach nichts passiert.

Dann hab ich das Gefühl, dass die Zeit stehen geblieben ist. Extra für uns.

Wenn es besonders warm ist, bleiben wir, bis es dunkel wird. Dann legen wir uns nackt unter unsere Sachen und küssen und streicheln uns stundenlang.

Einmal schlafen wir ein und wachen erst am nächsten Morgen wieder auf. Es ist kalt.

»Fünf Grad«, sagt Abel später zu mir, als wir wieder zu

Hause sind und das Radio läuft. »Stell dir vor, Kam, nur fünf Grad waren es heute Morgen.«
»Ich hab nichts davon gespürt.«
»Ich auch nicht«, sagt er und seine Augen lächeln.

Dann kommen die Tage, an denen Abel öfter weggeht als sonst. Ich frage ihn, was er tut, aber er schüttelt bloß den Kopf.
»Überraschung«, sagt er.
Er hat eben seine Geheimnisse. Das ist so ähnlich wie mit Ronny. Aber bei Abel kann ich mir wenigstens sicher sein, dass er nichts tut, was mich verletzt.
Er liebt mich. *Und dich. Uns.*
Und ich liebe ihn.
Und das will ich genießen, nach all dem Scheiß in meinem Leben.
Es wird nie wieder so schrecklich sein, wie es mal war.
Ich habe Janis das Leben gerettet und Abel ist die Belohnung dafür.

An einem Morgen kommt er zurück, nachdem er die ganze Nacht weg war, wirft die Zeitung auf die Küchenanrichte und entkorkt eine Flasche Sekt.
»Was ganz Gutes, dieses Zeug«, sagt er. »Ich mache eine Ausstellung. Zwei Bilder sind schon weg. Die Galeristin hat sie gekauft. Stell dir nur vor.«
»Wo?«, frage ich. »Wo denn?«
Ich will ihn umarmen. So wie immer, aber er lächelt und dreht sich weg. »Lass nur, ich will erst mal duschen.«
Wieder dieses Lächeln!
Er kippt zwei Gläser voll. Dann geht er duschen.

»Trink nur. Bin gleich wieder da.«
Mein Blick fällt auf die Zeitung.
MORD AM STADTRAND. Es ist eine der größten Schlagzeilen.
Ich sehe das Foto und werde ganz kalt und steif.
Das kann nicht sein. Völlig unmöglich. – Kalle!
Wieso Kalle?
Ich drehe den Artikel zu mir hin. Lese. Stockend. Ich bin einfach aus der Übung.

Am frühen Donnerstagmorgen wurde am Rand der Ausfallstraße in Richtung Bergenheim eine männliche Leiche gefunden. Alter schätzungsweise 17 bis 22 Jahre. Dem jungen Mann wurden mehrere Stichverletzungen beigebracht, denen er in etwa um Mitternacht erlegen war. Laut Auskunft der Kriminalpolizei ist der Fundort der Leiche aller Wahrscheinlichkeit nach nicht der Tatort.

Eine ältere Dame, die wie jeden Morgen in dieser Gegend ihren Hund spazieren führte, hatte die Leiche des bisher noch nicht identifizierten Mannes gefunden. Die kriminaltechnischen Ermittlungen laufen auf Hochtouren. Ob ein Zusammenhang zwischen diesem Fall und dem Raubmord vor drei Wochen besteht, ist noch nicht geklärt. Vieles deutet allerdings darauf hin. Die Polizei hofft auf zweckdienliche Hinweise aus der Bevöl-

> kerung und hat für Hinweise, die zur Aufklärung des Falles beitragen, eine Belohnung von 5000 Euro ausgesetzt.

Mann, Kalle, dass jemand so viel Kohle für dich abdrückt, hättest du dir auch nicht träumen lassen, was, denke ich und könnte mich gleich anschließend in den Arsch treten dafür. Kalle ist tot. Umgebracht. Jemand hat ihn erstochen.
Die Kröte?
Oder Ronny?
Oh Gott. Eigentlich müsste ich zur Polizei. Aber ich weiß ja nichts. Außer, wie er heißt. Und das ist auch nur sein Vorname. Und wo er wohnt. – Gewohnt hat.
»Was ist los?«, fragt Abel, der plötzlich mit nassen Haaren und extrem köstlich duftend neben mir steht.
Auf einmal ist wieder alles so unwirklich. Da Kalle tot und hier Abel parfümiert.
»Den kenn ich«, sage ich und zeige auf das Bild.
Abel sieht mich an. »Gut?«
»Na ja …«
Er nimmt die Zeitung und liest und wirft sie anschließend mit einer abfälligen Geste auf die Anrichte zurück.
»Abschaum, oder?«
Es trifft nicht Kalle. Es trifft mich.
»Das ist Kalle«, kreische ich. »Ich hab ihn gekannt.«
Vielleicht ist Ronny auch tot. Vielleicht hat die Kröte beide umgebracht.
»Und?« Abel dreht mich zu sich herum. Nimmt mich fest in den Arm. »Das ist eine andere Welt. Vorbei. Vergangenheit. Gelebt.«

»Aber ich muss es doch melden«, sage ich.
»Warum?« Abel drückt seine Stirn auf meine. »Dein Kalle ist hin. Der hat auch nichts davon, wenn du dich da mit reinziehen lässt.«
Ach, *davor* hat er Schiss!
»Lass uns an die Ausstellung denken und an deine Bilder«, sagt Abel.
»Du hast sie angeschaut? Meine Bilder?«
»Klar.« Er lächelt. »Und sie sind gut.«
»Quatsch.«
»Doch. Sie machen fröhlich.«
»Quatsch. Es sind doch bloß Farben, Muster und Blumen.«
Abel küsst mich. Seine Zunge schmeckt anders als sonst. Seltsam zitronig, klebrig.
»Kapierst du nicht, Kam«, sagt er danach. »Das mit Janis und Hedy, das war Schicksal. Mit dem da, diesem Kalle oder wie der heißt, hast du überhaupt nichts mehr zu tun. Wenn du jetzt wieder zurückgehst …«
»Was ist dann?«
»Denk doch mal an Paul«, sagt Abel.
»Kalle ist nicht sein Vater, wenn du das denkst«, sage ich und mache mich los.
In Wahrheit ist es vielleicht sogar noch schlimmer. Wenn Ronny ein Mörder ist.
Ich traue es ihm zu. Genauso wie der Kröte.
Wenn ich nur wüsste, wer die andere Leiche war. Die von vor drei Wochen.
»Reg dich nicht auf, Kam«, sagt Abel. »Ich will, dass du glücklich bist. Und malst. Vielleicht können wir die Ausstellung zusammen machen.«

»Du spinnst doch.«
»Nein, ich meine es ernst. Wenn du dich jetzt allerdings in diese Geschichte hier vertiefst …« Er nimmt die Zeitung, rollt sie zusammen und wirft sie in den Papierkorb.
»Dann?«
»Können wir das vergessen.«

Ich renne durch die Stadt.
Ich bin wütend.
Vor allem aber bin ich durcheinander.
Ich kapier nicht, dass Abel mir nicht zur Seite steht. Und schon gar nicht, wieso Kalles Tod was mit der Ausstellung zu tun hat. Am liebsten würd ich Hedy fragen. Die kennt Abel immer noch am besten. Aber da trau ich mich nicht hin. Irgendwie hab ich Angst, dass sie was Schlechtes über ihn sagt.
Ich will aber nichts Schlechtes mehr hören.
Ich bin froh, dass ich die Erinnerungen an früher los bin, dass es mir jetzt endlich gut geht.
Aber das ist nicht so einfach. Zum Beispiel das mit Kalle, das kann ich doch nicht einfach vergessen.
Eigentlich komisch, dass Abel mich nie gefragt hat, woher die Narben auf meinem Körper kommen. Aber vielleicht hat er es sich auch gedacht und wollte die Wunden dahinter nicht wieder aufreißen. Ja, bestimmt war es so.
Abel ist kein Schlechter.
Er hat dir einen Namen gegeben.
Du kannst nicht herkommen, wenn Abel nicht mehr dein Vater sein will.

Es ist warm. Die Sonne scheint. Die Kastanien blühen. Es ist Frühling. Irgendwie hab ich das gar nicht mitbekommen. Nicht mal, wenn wir auf den Fluss gesehen haben. Abel und ich. Irgendwie war ich abgeschottet. Auch bei Hedy.

Abgeschottet und beschützt.

Und plötzlich weiß ich, ich schaff das alles nicht allein. Ich habe Angst. Vor Ronny, der Kröte, der Vergangenheit.

Ich will nie wieder in diese alte Existenz zurück. Und deshalb muss ich tun, was Abel will.

Was hab ich für eine Wahl?

Mein Blick fällt in ein Schaufenster, das an mir vorbeizieht.

Bücher.

Eine Buchhandlung. Landschaften auf der einen Seite. Hermann Hesse auf der anderen. Der *Siddhartha* ist auch dabei.

Ich habe ihn immer noch nicht gelesen.

Vielleicht sollte ich es auch gar nicht tun.

Außerdem steht das Buch bei Hedy im Regal. Und ich habe kein Geld, um mir ein neues zu kaufen. Abel will ich deshalb nicht anbetteln. Er tut auch so schon genug für mich.

Und für dich.

Paul.

Mein Bauch spiegelt sich im Schaufenster zwischen all den Landschaften und Hesses.

Eigentlich gefällt mir der Name nicht. Aber was bedeutet das schon? *Abel hat ihn extra für dich ausgesucht. Er ist dein Vater. Du bist gekommen, um bei ihm zu sein. Stimmt's?*

Ich sehe, wie das Mädchen im Schaufenster über ihren Bauch streicht.
Ein fremdes Mädchen. Ein fremder Bauch. Ein fremdes Kind.
Paul für Abel.
So ist es richtig.
So soll es sein.
Plötzlich ist hinter dem Mädchen ein Schatten.
»Da bist du ja, du alte Schlampe.«
Jemand greift mir in die Haare. Es ist nicht Ronnys Stimme gewesen. »Dachtest wohl, du könntest dich verpissen.« Er zerrt so heftig, dass ich mich zu ihm herumdrehen muss.
Sein Atem ist genauso eklig wie damals im *La Poême*.
»Ich wohn nicht mehr bei ihm«, stammel ich.
»Wie auch, mein Schatz?«
Sein Blick fällt auf meinen Bauch.
»Dreckiger Bastard.«
»Lass mich in Ruhe!«, brülle ich. »Es ist nicht dein Kind.«
Die Leute gehen an uns vorbei. Manche starren uns an. Einige schütteln die Köpfe. Die meisten gucken einfach woanders hin.
Mir bleibt nur eins. Mit dem Risiko, dass es nicht klappt, weil ich noch nie jemandem wehtun konnte. Aber mir fehlt einfach die Kraft. Es muss nur schnell gehen. Bloß nicht lange überlegen. Nur den Schmerz in den Haarwurzeln auf meinem Kopf fühlen.
Und das Wissen: Ich will nie wieder *DAHIN* zurück!
Mein Knie schnellt ruckartig nach oben. Trifft ihn genau zwischen die Beine. Die Kröte jault auf. Lässt mich los.

Und ich renne. Renne. Renne.
Bis ich bei Abel, bis ich zu Hause bin. Bis ich mich wieder sicher fühle.

Am nächsten Tag gehen wir in die Galerie. Wir nehmen meine Bilder mit.
Die Galeristin ist nett und jung. Vielleicht dreißig. Sie ist schlank und hat einen großen Busen. Ihre Augen sind grünbraun und warm und wenn sie lächelt, geht einem das durch und durch.
Sie gibt mir die Hand und sagt, dass ich sie Gabi nennen soll. Meine Blumenbilder findet sie brillant.
»Das ist genau das, was die Leute brauchen, in so einer trüben Zeit«, sagt sie und lächelt zuerst mich an und dann Abel. »Woher nimmst du nur so viel Fröhlichkeit?«
Sie fragt Abel das, obwohl sie mich damit meint.
»Ich hab dir also nicht zu viel versprochen«, sagt Abel und legt einen Arm um ihre Schulter.
Sie legt den Kopf ein wenig schief, sodass ihre Wange Abels Handrücken berührt und lächelt wieder. Dann gleitet sie wie eine Katze unter seinem Arm hinweg und schreitet durch die beiden großen hellen Räume der Galerie.
»Ich schlage vor, die von dir, Kamala …« Sie wirft mir einen kurzen Blick zu, »kommen hierhin, ganz nach vorne, dass man sie gleich von draußen sieht.«
Mein Herz fängt an zu klopfen.
Ich fass es nicht.
Ich glaub's einfach nicht.
»Das ist ein toller Kontrast zu deiner undurchdringlichen Intensität.« Gabi wendet sich wieder Abel zu. Berührt wie beiläufig seine Schulter. »Vielleicht kommst du heute

Abend nochmal vorbei, damit wir entscheiden können, wie wir sie hängen.«
Das ist keine Frage, das ist ein Befehl.

»Warum gehst du da hin?«, frage ich Abel später, als wir in einem kleinen italienischen Restaurant zu Abend essen.
»Hast du doch gehört«, sagt er. Das Weißbrot in seiner Hand gleitet im Halbkreis über seinen Teller und hinterlässt dort feine rote Streifen. »Wir wollen entscheiden, wie wir die Bilder hängen.«
»Aber die Ausstellung ist doch erst in drei Wochen.«
»So etwas muss man früh entscheiden«, sagt Abel.
Das Brot gleitet immer noch, obwohl nicht mal mehr der feinste Streifen zu sehen ist. Wie gespült.
Und angucken kann er mich nicht.
»Ronny hat mich auch immer betrogen«, sage ich.
Meine Stimme zittert und mein Hals ist ganz eng.
»Ich betrüge dich nicht«, sagt Abel. »Das funktioniert nun mal so.«
Ich glaub, ich kapier nicht.
»Du schläfst mit ihr, damit du da deine Bilder ausstellen kannst«, sage ich fassungslos.
»Und deine«, sagt Abel.
»Und was ist mit mir? Mit uns?«
Er zuckt die Schultern.
»Wir wollen doch leben, oder? Und wir wollen, dass Paul es gut hat, nicht?«

Ich hasse dich!

Die Vertreibung aus dem Paradies, so muss sie gewesen sein. Mit dem Unterschied, dass ich nichts verbrochen habe. Ich bin kein Sündenfall. Ich bin unschuldig.
Ich habe immer nur mit mir machen lassen.
Müssen.
Du hättest mich auch fast gekriegt. Hast dich auf Abels Seite geschlagen und hättest mich beinahe verraten.
Aber ich will nicht mehr.
Ich will gar nichts mehr.
Das ganze Leben ist sowieso nichts weiter als eine einzige riesengroße Verarschung.
Und meine Verarschung begann mit meinem Namen. Kamala, die Hure.
Was bedeutet eigentlich Paul?
Wen interessiert das?
Zum ersten Mal hab *ich* die Wahl. *Dafür könnte ich euch dankbar sein. Dir und Abel.*
Himmel oder Hölle.
Es ist ohnehin das Gleiche. Es gibt keinen Unterschied.

»Ich wusste, dass du wiederkommst«, sagt Hedy.
Sie streckt ihre Arme aus, aber ich will nicht.
Entweder sie nimmt mich so zurück, ohne dass ich etwas dafür geben muss, oder sie lässt es bleiben.
Ich gehe an ihr vorbei ins Wohnzimmer. Der ganze Boden ist mit Spielzeugautos übersät.
»Wo ist Janis?«, frage ich.
»Bei Carlo.«
»Du hast nichts dagegen?«
»Er ist sein Vater«, sagt Hedy. »Er hat ein Recht auf ihn. Ich hab da keine Wahl.«

Ich kann's nicht mehr hören!!! Es kotzt mich an.
»Hat Abel dich wieder weggeschickt?«
»Nein«, sage ich. »Er schläft mit einer Galeristin, damit wir dort unsere Bilder ausstellen können.«
»Er war schon immer so«, sagt Hedy. Sie fasst meine Hand. Zieht mich aufs Sofa. »Da ist er nicht anders als unser Vater. Aber hören will er das nicht. Dann rastet er aus.«
Sie fängt an zu weinen.
Sie. Nicht ich.
Muss ich sie trösten? Muss ich das?

Tagelang habe ich auf den Brief gewartet. Ich habe mich sogar krank gestellt, damit ich den Briefträger abfangen konnte. Wenn Mutter mitgekriegt hätte, dass ich bei einem Zeichenwettbewerb mitgemacht hab, dann hätte sie mich weich geprügelt.
Mit zwölf wollte ich nämlich nur eins. Malerin werden. Berühmt sein.
Doch ich hab nicht gewonnen. Ich bin nicht mal unter die ersten drei gekommen.
Ich hab mir die Seele aus dem Leib geheult.
Aber getröstet hat sie mich nicht.
Nur wieder geschlagen.

»Du bist wie ein Eisstück«, sagt Hedy, als sie fertig geheult hat. »Dass du Janis von der Straße geholt hast, war wohl nur ein animalischer Reflex.«
Animalischer Reflex.
Ich bin nicht blöd. Ich weiß genau, was das heißt.
»Vielleicht hättest du dein Baby doch lieber wegmachen sollen.«

Ich denke nicht nach. Ich knall ihr einfach eine.
Es war nicht ich.
Es war irgendwas anderes in mir.
Fremdbestimmt.
So war ich schon immer.
Mutter. Ronny. Abel. Hedy. *Du.*
Dass es mir Leid tut, bring ich nicht über die Lippen. Ich hab zu viel Schiss. Davor, dass nun alles vorbei ist. Das Ende des Himmels erreicht. Der Himmel, der nicht unendlich ist. Und der direkt in der Hölle mündet.
Es gibt eben doch einen Unterschied.
Ich spüre, wie meine Lippen zittern. Früher hab ich auch geheult. Das war immer gut. Der letzte Ausweg eben. Druck ablassen. Aber jetzt, wenn ich jetzt heulen muss, wegen Hedy, dann halt ich das nicht aus.
Ich will nicht schwach sein.
Ich bin nicht schwach.
Ich habe Ronnys Schläge ausgehalten.
Und die von meiner Mutter.
Ich habe das ganze Leben schon ausgehalten.
Da wird mich so eine langweilige, stinkend reiche Hedy doch nicht aus der Fassung bringen.

Ich renne nach oben. Drücke die Zimmertür zu und schließe ab.
Als ob sie mir nachkäme! Das hat so eine doch gar nicht nötig. Dass die so einer wie mir nachrennt.
Nee.
Wer bist du denn schon, Kamala? Doch nicht mehr als ein armseliges, wertloses Häufchen Scheiße.
Und schon bin ich wieder am selben Punkt, an dem ich

schon mal war. An dem ich immer wieder ankomm.
Warum mach ich nicht endlich Schluss?
Weil Janis mir das Leben gerettet hat?
Ein Kind?
Ein Junge?
So ein kleiner Furz wie du?
Nicht einmal dir bin ich gewachsen.
Annes Gott muss mich abgrundtief hassen, dass er mich so quält.
Aber ich weine nicht.
Und ich denke an Gabi, die Galeristin.
An Abel, Kalle und Ronny.
An meine Mutter und den Vater, an den ich mich nicht erinnere. Und daran, dass verdammt nochmal von Anfang an alles schief gelaufen ist in meinem Leben.
Dass ich keine Chance hatte, weil mir nie einer eine gegeben hat.
Und wieder denke ich an Gabi, die Galeristin.

»Wo willst du hin?«, fragt Abel.
Er steht draußen vor der Tür, den Zeigefinger schon fast auf dem Klingelknopf.
»Jedenfalls nicht zu dir!«, fauch ich ihn an und will an ihm vorbei.
Er packt mich am Arm und hält mich zurück.
»Kam, hör mir doch zu. Es tut mir Leid. Ich wollte dich nicht kränken.«
Ich sehe in seine Augen, obwohl ich genau das nicht will. Und schon ist sie wieder da, die Sehnsucht, die ich so hasse, weil sie mich doch nur immer wieder ins Elend führt.

»Warum lässt du sie nicht in Ruhe?«, höre ich Hedy sagen.
»Weil ich sie liebe.«
Ich fange doch an zu heulen.
Weil das noch nicht einmal Ronny gesagt hat.
Weil das noch nie jemand gesagt hat. Über mich. Zu mir.
Weil es nicht ehrlich sein kann. Das spüre ich.
Und dann sagt Hedy es auch.
»Du und Liebe.« Es klingt schrecklich. »Du benutzt sie als Inspiration. Sie und ihren Bauch und die Vorstellung, dass etwas in ihr wächst, das man mit dem Verstand nicht begreifen kann.«
Abels Griff lockert sich. Plötzlich sieht er richtig kalkig aus.
»Du bist genial«, sagt Hedy. »Aber nicht aus dir heraus. Du verschleißt andere Leben dafür. Du saugst sie aus und schmeißt sie weg. Und ich will nicht, dass du das mit Kam so machst.«
Ich heule Rotz und Wasser.
Hedy nimmt mich in den Arm und streichelt mich.
Stundenlang, nachdem Abel weg ist und wir zusammen auf dem weißen Sofa im Wohnzimmer liegen.
Und schon wieder denk ich ans Sterben, weil ich will, dass die Zeit nicht aufhört. Weil ich nicht morgen wieder etwas anderes fühlen will, oder irgendeine Scheiße erlebe.

»Warum weint ihr?«, fragt Janis.
Hedy schreckt hoch.
»Seit wann stehst du da?«
»Seit lange«, sagt er und guckt ganz ernst.
Ich wische mir die Augen aus und sehe ihn an, wie er da

so sitzt in seinem Rollstuhl. An jedem Beinende einen riesigen Tigerkrallenfußpuschen. Dass der eine leer ist, merkt man gar nicht.
Erst jetzt ticke ich, dass Hedy auch heult.
Ich verstehe nicht, wieso und kapiere gleichzeitig alles. Nicht mit dem Kopf. Es ist irgendwie in mir drin. Ich kann es nur nicht fassen.
»Du hast Recht, mein Süßer, wir sind zwei dämliche Heulsusen.«
Hedy steht auf, beugt sich zu Janis hinunter und küsst ihn auf die Backe.
»Wir sollten lieber was unternehmen. Eine Weile rausgehen oder so.«
»Au ja!«, ruft Janis. »Auf den Bolzplatz, ja? ... Mama, bitte.«
Natürlich will Hedy nicht. Aber sie sagt nicht nein.
»Kommst du mit?«, fragt sie mich. »Ja? ... Bitte.«
Ihre Augen haben den gleichen Ausdruck wie die von Janis. Nur nicht so funkelnd.
Logisch, dass ich mitgeh.
Nicht mehr aus Angst, dass sie mich wegschickt. Sondern, weil ich weiß, dass sie mich braucht.
Sie mich.
So wie ich sie.
Irgendwie.
Keine Ahnung, wie.
Im Moment ist mir das auch völlig egal.
Ich fühl mich ganz leicht. Total anders, als ganz früher, als ich noch geweint hab. Da war ich hinterher schwer, so unendlich schwer.
Weinen hat nie etwas geändert. Im Gegenteil, meistens ist

alles nur noch schlimmer geworden. Weil meine Mutter mich dann noch mehr gehasst hat.
Jetzt ist alles anders.

Die Sonne scheint. Es ist richtig heiß. Schon fast wie im Sommer. Janis ist absolut ungeduldig. Er reißt an seinen Rollstuhlrädern herum und kann es überhaupt nicht erwarten, dass wir endlich ankommen, an seinem geliebten Bolzplatz.
Hedy hat deswegen einen fetten Kloß im Bauch. Das seh ich ihr an. Man kann ihr jedes Gefühl im Gesicht ablesen. Und auch an der Art, wie sie geht und mit ihren großen Händen rudert.
Sie hat eine riesengroße Angst davor, dass er enttäuscht sein wird, wenn er zum ersten Mal erlebt, dass er nicht mehr spielen kann.
Ich verstehe sie.
Und ich mag sie dafür.
Meine Mutter hat nie Angst davor gehabt, dass ich irgendwas nicht verkrafte. Sie hatte immer bloß Schiss, dass *sie* mit etwas nicht klarkommt.

Es sind unheimlich viele Leute unterwegs. Mit Kindern. Mit Hunden. Auf Fahrrädern. Zu zweit. Auf Skatern.
Wir laufen über die neue Flusspromenade, die hinter dem Biergarten in Wiesen mit Spazierwegen übergeht.
Ich war hier noch nie. Das ist kein Ort für solche wie mich. Hier laufen nur die, die Geld haben, die schön gekleidet sind oder wenigstens hip.
Früher dachte ich, das sind die Leute ohne Probleme. Jetzt weiß ich es besser.

Nach einer viertel Stunde erreichen wir den Bolzplatz. Es ist ein Stück abgetretene Wiese, auf dem ein ganzer Haufen Jungs Fußball spielt.
Sie schreien und schimpfen und jubeln.
Hedy drückt die Feststeller an Janis' Rollstuhl herunter, damit er nicht wegrollt. Damit er nicht wegkann.
Ihre Schläfen pulsieren.
»Da hinten ist Mark«, ruft Janis. »Mama, lass mich zu Mark.«
»Aber du kannst doch jetzt nicht aufs Spielfeld«, sagt Hedy. »Wir müssen warten, bis die Halbzeit vorbei ist.«
»Nein«, schreit Janis. »Ich will mitspielen.«
Er zappelt und zerrt an den Rädern. »Mama, mach mich los!«
Hedy legt ihm von hinten ihre Hände um den Kopf, streicht seine Backen, versucht ihn zu beruhigen.
»Nein«, sagt sie leise. »Wir warten, bis Mark fertig ist. Dann kannst du mit ihm reden.«
Es klingt so endgültig.
Es erinnert mich an meine Mutter.
Ganz egal, in welcher Welt sie leben, Himmel oder Hölle, Mütter bestimmen, was gut ist für ihre Kinder.
»Ich will spielen!«, kreischt Janis. »Mama, lass mich!«
Ich spüre seinen Schrei bis in meinen Bauch.
Es ist wie ein Reflex. Animalisch meinetwegen.
Ich drücke Hedy zur Seite und mache die Feststeller los.
»Warum lässt du ihn nicht?«, sage ich. »Bloß, weil *du* Angst hast.«
Dann renne ich los. Schiebe den Rollstuhl vor mir her.
»Schneller, Kam, schneller!«
Ich schiebe ihn mitten aufs Spielfeld. Ein kleiner Rothaa-

riger schießt den Ball gerade auf eins der Tore zu. Zwei andere Jungs stürmen dorthin, wo das Ding aller Voraussicht nach runterkommt.
»Maaaark!«, schreit Janis. »Zu miiiiir!«
Einer der beiden, die sich den Ball schnappen wollen, schaut zu uns rüber.
»Ey, Janis, was machst du denn hier?«
»Ich will mitspielen!«
Der andere, der Gegner, schnappt sich den Ball, köpft ihn zu einem Kameraden und der ballert ihn ins Tor.
»Das gilt nicht!«, brüllt jemand.
Dann ertönt ein Pfiff.
Ein langer, schlaksiger Typ, der etwas älter als die anderen Spieler zu sein scheint, kommt auf uns zu.
»Was macht ihr hier?«, fragt er. »Ihr könnt doch nicht einfach aufs Spielfeld.«
»Bist du der Schiri?«, fragt Janis.
Der Schlaks nickt.
»Ich will mitspielen«, sagt Janis.
»Das geht nicht. Wir sind vollzählig.«
»Er kann für mich rein«, sagt der, der wegen uns den Ball verloren hat.
Es ist Mark.
»Und das Tor gilt nicht«, sagt ein anderer.
Der Schlaks nickt wieder.
»Tut's auch nicht.«
Ich gehe zu Hedy zurück.
Sie schaut ziemlich finster aus.
»Das war keine gute Idee, Kam«, sagt sie.
»Vielleicht doch.«
»Du redest wie Carlo.«

»Um den geht's doch hier gar nicht. Janis will es probieren. Kapierst du das nicht?«
»Er wird's nicht schaffen«, sagt Hedy.
»Woher willst du das wissen?«
»Wieso engagierst du dich so für ihn?«, fragt sie, anstatt mir zu antworten. »Janis ist nicht dein Sohn.«

Juni

Hedy und ich reden nicht mehr. Ich bleibe in meinem Zimmer, bis ich höre, dass die Haustür zuschlägt. Dann gehe ich runter und ess was. Oder spiele mit Janis, wenn er da ist.
»Kennst du *Forrest Gump?*«, fragt er mich.
Ich schüttel den Kopf.
»Der hat 'ne Prothese. So ein Kunstbein. Zuerst kann er damit nicht laufen, aber dann ist er schneller als alle zusammen.«
»Woher kennst du den denn?«, frage ich.
»Vom Video. Aber das darf Mama nicht wissen.«
Schon klar. Das hat er wohl bei seinem Vater geguckt.
»Und du?«, frage ich. »Wie läuft's mit dem Fußball?«
Janis senkt den Kopf. »Weißt du doch. Nicht so gut.«
»Das schaffst du schon«, sage ich.
So eine blöde Floskel.
Aber nicht mal zu mir hat das jemals einer gesagt. – Das schaffst du schon. – Das schaffst du schon. – Das schaffst du schon.
Man kann es so oft denken, bis für nichts anderes mehr Platz ist im Kopf.
Irgendwie magisch.
»Ich weiß«, sagt Janis. »Aber Mama verbietet alles.«
»Ja, weil sie Angst hat, dass du zu viel auf einmal willst

und es dann doch nicht klappt. Sie will nicht, dass du traurig bist.«

Ich merke, dass meine Hand über Janis' Haare streicht. Mit einem Ruck zieh ich sie weg.

»Warum machst du das?«, fragt er.

»Was?«

»Mich loslassen …«

»Aber …«

»Niemand tröstet mich, wenn Mama mich ärgert. Außer Papa. Aber der sagt auch bloß dasselbe wie du.«

Alle verstehen Hedy, die Göttin. Wenn sie wüsste, dass ihr im Ernstfall sogar der verhasste Carlo zur Seite steht.

»Ich hab Krach mit Hedy«, sage ich. »Ich hab Angst, dass ich nicht mehr lange hierbleiben darf.«

»Na und«, sagt Janis. »Dann ziehst du eben in eine eigene Wohnung. Mit deinem Baby. Das braucht doch auch ein Zimmer. Wenn es hier die Treppe runterfällt.«

Mir bleibt die Luft weg. Es ist total schwer, zu atmen. Noch schwerer, zu sprechen.

»Willst du auch nicht, dass ich hierbleibe?«

Meine Stimme klingt krächzig.

»Klar«, sagt Janis. »Aber jede Familie wohnt in ihrer eigenen Wohnung. Wieso willst du das nicht? Wenn du Krach mit Hedy hast. Ich möchte auch manchmal weglaufen.« Er schielt auf seinen Leertigerpuschen. »Jetzt hab ich sogar Räder. Aber das ist noch viel schwerer.«

»Du musst dich eben erst dran gewöhnen«, sag ich. »Und dann kriegst du ja noch die Prothese.«

Ich rede ganz ruhig. Dabei bin ich innerlich am Rotieren. Dieser kleine Kerl, was der so plappert.

Eine eigene Wohnung …

Ein eigenes Leben …
Unmöglich.
Ich gehöre nicht zu denen, die ein eigenes Leben haben.
Wenn Hedy mir doch nur verzeihen könnte!

Janis rast mit dem Rollstuhl durch die Zimmer. Vom Wohnzimmer durch den Flur in seins. Dann in die Küche und wieder durch den Flur ins Wohnzimmer.
»Merkst du's schon, ich gewöhne mich dran.« Er strahlt über das ganze Gesicht. »Ich bin der Schnellste und bald kann ich genauso wie immer um die Ecken.«
Fast rast er Hedy über den Haufen, als sie plötzlich neben der Garderobe steht. Wir haben sie nicht gehört. Sie muss sich reingeschlichen haben.
Absichtlich.
Um mich zu ertappen.
Damit sie einen Grund hat, mich endlich rauszuschmeißen.
»Du machst ihn ja total verrückt!«, schreit sie mich an.
Mein Hals ist eng.

»Du machst mich noch total verrückt!«, schreit Mutter, als ich durchs Wohnzimmer schleich.
Sie liegt auf dem Sofa und so ein Kerl oben drauf.
Auf dem Tisch liegt ein blauer Schein.
»Ich muss mal Pipi«, sag ich.
»Kannst du's dir nicht einmal zehn Minuten verkneifen, du kleines Miststück!«
Ich stehe da und denke, gleich haut sie dir wieder eine rein und merke, wie die olle Cordhose ganz nass am Hintern wird.

Meine Augen brennen.
Keine Ahnung, was auf einmal mit mir los ist. Wieso ich heulen muss. Ich hatte das so gut im Griff.
Ich drehe mich um und renne nach oben. Krieche unter die Luxusdecke, die ich nicht verdient hab.
Nur noch ein paar Sekunden, dann ist es vorbei.
Vom Himmel in die Hölle, das ist überhaupt kein Problem.
Umgekehrt war's ein Glück.
Ein Glück, wie es bestimmt nicht jeder hat.
Kalle ist tot.
Und Ronny vielleicht auch.
Ich lebe noch, aber ich hab's versiebt. Wenn man im Himmel leben will, muss man sich eben auch so benehmen. Da darf man nicht einfach tun, wonach einem der Sinn steht.
Schon gar nicht gegen eine Göttin.
Die ihr Leben auch nicht hinkriegt. Und ihren verdammten Frust an ihrem Sohn auslässt.
Ich spüre die feste Kugel unter meinen Händen.
Dich würde ich jedenfalls nicht so behandeln.

Nach zwei Stunden ist immer noch alles wie vorher. Hedy ist nicht nach oben gekommen. Sie hat mich nicht angeschrien, nicht weggeschickt.
Mein Gesicht fühlt sich heiß und verquollen an. Das Kopfkissen ist feucht, mein Rücken schmerzt, *du bist ganz still*, aber ich bin immer noch im Himmel.
Ich setze mich auf die Bettkante und starre zum Fenster. Irgendwas hat sich geändert. Das Heulen hat mich total ruhig gemacht. Friedlich.

Plötzlich ist es völlig gleichgültig, was passiert. Passieren wird.
Wenn Hedy mich rausschmeißt, werde ich leben.
Wenn sie mich hier lässt, werde ich es auch.
Himmel oder Hölle. Es ist ein und dasselbe. Jetzt weiß ich es genau. Leben muss man hier wie dort. Sein Leben eben.
Die große Frage ist allerdings: Was ist mein Leben?
Ich?
Du?
Hedy?
Ronny?
Abel?
Nein. Ronny und Abel nicht.
Nicht Ronny aus der Hölle. Nicht Abel aus dem Himmel.
Mutter?
Sie hat mich geboren. Ob sie wollte oder nicht. Ich war so stark, dass ich geboren werden wollte. Um in der Hölle zu schmoren und in den Himmel zu fliegen.
Um dich zu gebären?
Damit du wo leben kannst?

Das ist nicht die Frage.
Die Frage ist: *Damit du wie leben kannst?*
Und genau darauf gibt es keine Antwort.
Verstehst du! Ob Himmel oder Hölle, ich weiß einfach nicht, was ich dir darauf sagen soll.
Mein Blick fällt auf den *Siddhartha*, der auf dem Nachttisch liegt. Still und unauffällig. So als ob er wüsste, dass seine Zeit schon noch kommen würde. Dass ich ihn schon greifen und ihn aufschlagen würde.

Ich quäle mich durch die ersten Seiten und weiß: Meine Mutter hat dieses Buch niemals gelesen. Kann sie nicht. Es ist viel zu schwierig. Viel zu fremd.
Ich muss jedes Wort dreimal abgreifen, um es zu verstehen.
Irgendjemand muss meiner Mutter von *Siddhartha* erzählt haben. Irgendwoher muss sie von Kamala gehört haben.
So ein ungewöhnlicher Name.
Sie muss sich etwas dabei gedacht haben.
Vielleicht fand sie den Namen aber auch einfach bloß schön und hat erst später erfahren, wer Kamala ist.
Egal.
Jetzt ist es zu spät.
Ich knalle das Buch in die Ecke. Ich werde es nicht zu Ende lesen. Ich will nicht einmal wissen, ob diese Kamala wirklich drin vorkommt.

Trotzdem lassen mich diese ersten Seiten nicht los. Eine seltsame Geschichte von diesem Typen, der unbedingt aus seinem ganzen Reichtum und seiner Sicherheit raus will, weil sie ihm langweilig ist – so verrückt möchte ich mal sein! Okay, im Siff ist es vielleicht nicht langweilig.
Nee, verdammt! Langweilig war es wirklich nicht, was ich bisher so erlebt habe.
Und trotzdem, ich will es nicht mehr.
Nie wieder Hatz. Nie wieder Hölle.
Aber der Himmel alleine, einfach so, ist es auch nicht. Da brauch ich mir nur Hedy anzugucken, die Göttin. Und Abel?
Oh, Abel.

Ich fange wieder an zu heulen. Obwohl ich nicht will. Es geht mir mittlerweile so auf den Geist. Immer nur flennen.
Aber ich kann nicht anders. Und auf einmal merke ich: jetzt tut es gut. Es ist wie ein Topf, der völlig überfüllt gewesen ist, mit allem. Und wenn erst mal das, was zu viel ist, übergelaufen ist, kann man vielleicht sehen, was ursprünglich drin gewesen ist. Was reingehört. In Kamalas Topf. In meinen.
Ich schließe die Augen und spüre Abels Arme, rieche seine Haut und höre all die schönen Sachen, die er zu mir gesagt hat. Auch, dass er mit mir leben will. Mit mir und *mit dir. Paul.*
Ich werde einen anderen Namen für dich finden.
Ich heule, bis ich leer bin. Bis auch das nicht mehr im Topf ist, was vielleicht mal drin war. Bis ich nicht mehr weiß, was ist. Bis ich keine Sehnsucht mehr habe. Und keine Wut.
Dann packe ich das Malzeug, den *Siddhartha* und die paar Sachen, die Hedy mir geschenkt hat, in eine Tüte. In der Tür drehe ich mich noch einmal um und schaue in den Himmel zurück. In den Teil, in dem ich für eine Weile leben durfte, aber wo jetzt irgendwie kein Platz mehr für mich ist.
Ich kann nicht einfach hierbleiben und nichts tun, an nichts denken, Ronny vergessen und Kalle und Mutter und immer nur hoffen, dass Hedy mich nicht wegschickt. Oder dass Abel kommt und mir schwört, dass er nie wieder für eine dämliche Ausstellung mit einer anderen Frau schläft.
Ich gehe die Treppe runter durch den Flur. Leise. Weil ich

nicht will, dass Janis mitkriegt, wie ich mich wegschleiche. Vielleicht seh ich ihn wieder. Vielleicht auch nicht.

Das alles weiß ich im Moment einfach nicht.

»Kam?«, sagt Hedy in meinem Rücken. »Ich hab nicht gesagt, dass du gehen sollst.«

»Ich tu's trotzdem.«

»Wo willst du denn hin?«

»Keine Ahnung.«

»In drei Wochen kommt dein Kind.«

Das sind noch drei Wochen Zeit.

Ich öffne die Tür und gehe nach draußen. Laufe den Bürgersteig entlang in Richtung Stadt. Es ist Sommer. Es ist warm.

Ich kann erst mal eine Weile draußen leben.

»Kannst du nicht«, sagt Wilmerscheid.

Es ist sein Nachname. Wie er davor heißt, hat er angeblich vergessen.

Ich habe gehofft, dass ich ihn wiedertreffe. Ich hab mich einfach auf die Bank vor der Commerzbank gesetzt und gewartet.

Jetzt sitze ich im Park auf der Wiese auf seinem kratzigen Mantel und kaue auf einem trockenen Rosinenbrötchen. Die holt er sich zweimal die Woche vom Bäcker an der Ecke Wanserstraße. Abends nach Geschäftsschluss. Dann kann er kriegen, was übrig geblieben ist.

»Wenn man es nicht gewöhnt ist, kann man das nicht«, sagt Wilmerscheid.

»Mach dir keine Sorgen, es ist doch fast Sommer.«

»Fast.«

Er holt seinen Flachmann raus und trinkt einen Schluck.

Ich bin froh, dass ich mit *der* Scheiße gar nicht erst angefangen hab. Ich konnte es einfach nicht ab, wie Mutter gestunken hat.

Als ich aufwache, ist es dunkel. Es ist immer stockdunkel, obwohl das Rollo ein kleines Loch hat, durch das ein winziges Licht fällt. Von den Straßenlaternen oder vom Mond, wenn er voll ist.
Aber ich mag es nicht, nachts aufzuwachen und meistens klappt es auch. Manchmal macht Mutter mit ihrem Typ so einen Krach, dann hören sie Musik und grölen und tanzen, bis die Polizei kommt. Aber meistens stört sich eh keiner dran.
Irgendjemand ist im Zimmer. Ich höre ein Rascheln und ein leises Schniefen.
»Meine Kleine.«
Mutter!
Plötzlich ist sie über mir, zerrt mich an den Armen aus dem Bett und schleift mich rüber in den Sessel, drückt mich an sich. Küsst mich ab.
»Mein Sonnenschein. Meine Beste. Meine Einzige.«
Sie stinkt erbärmlich. Nach Schweiß. Ihrem schrecklichen Parfüm, Zigarettenqualm und nach Schnaps. Sie ist noch ganz feucht zwischen den Brüsten, so sehr hat sie geschwitzt.
»Die Männer sind alles Scheißtypen, merk dir das, meine Kleine.«
Ich will mich losmachen, wieder ins Bett, weiterschlafen, morgen ist ja Schule. Dann muss ich allein aufstehen, weil Mutter noch pennt. Noch nicht fit ist.
Aber ich muss. Und eine Weile will ich ja auch. Bis es

irgendwann keinen Sinn mehr macht, weil ich hängen bleibe. Und wieder hängen bleibe. Weil ich Mathe einfach nicht kapiere, und Physik erst recht nicht. Und auch nur mittelmäßige Aufsätze schreibe. Bloß in Kunst bin ich gut. Aber das interessiert keinen.
Aber Mutter lässt mich nicht. Sie lässt mich nie weg, wenn sie mies drauf ist. Wenn einer ihrer Scheißtypen gleich nach dem Fick wieder abgehauen ist und nichts zu trinken dagelassen hat. Dann geht sie an ihre eigenen Vorräte. Und dann braucht sie mich.
Erstickt mich mit ihrer Ego-Liebe. Mit ihrem Körper. Mit ihrem Gestank. Und mit ihren Tränen.
»Du bist doch das Einzige, was ich habe.«
Eigentlich müsste ich glücklich sein, weil sie mich endlich liebt.
Aber sie liebt mich ja nicht. Sie hält sich nur fest.
Und wenn sie mich nicht mehr braucht, wirft sie mich weg.
Ich will dich nicht benutzen.
Ich will dich nicht mal *lieben und* mal *nicht.*

Wilmerscheid hat Recht. Ich kann nicht draußen leben. Nicht, weil ich es nicht gewohnt bin, sondern, *weil ich mit dir nicht auf so einem harten Boden liegen kann.* Mein Rücken tut weh. Alles tut weh. *Du bewegst dich nicht* und mein Bauch ist total hart. Dabei hat Wilmerscheid mir all sein Zeug gegeben.
»Du musst ein Zuhause finden«, sagt er. »Für dich und dein Kind.«
Ich weiß, dass er Recht hat. Aber ich weiß nicht, wo ich anfangen soll.

Ich kann schließlich nicht einfach so zu irgendeiner blöden Sozialstelle gehen und sagen, hört mal alle zu, ich krieg ein Kind und weiß nicht, wohin. Die stecken mich doch ins nächstbeste Heim. Und bestimmt muss ich denen auch erzählen, *wer dein Vater ist.*
Ich kaue noch eins von diesen Brötchen und starre vor mich hin. Wir hocken im Park, ganz am Ende, wo kaum einer hinkommt, zwischen Büschen und Bäumen und ich packe zögernd meine Sachen zusammen. Schüttele Wilmerscheids Wintermantel aus und stapel die Zeitungen übereinander. Und da seh ich ihn, den anderen Artikel, den über den ersten Mord. Es gibt kein Foto, aber den Straßennamen und eine Personenbeschreibung.
Ronnys Straße. Seine Daten.
Ich sinke auf den Stapel.
Ronny ist tatsächlich tot. Ronny, der mal alles für mich gewesen ist.
Dein Vater.
Erstochen.
Beraubt.
»Was ist los?«, fragt Wilmerscheid.
»Nix«, sag ich. »Hier steht nur was ...«
Widerstrebend lese ich den ganzen Bericht. Erfahre, dass der Täter überrascht worden sein muss, weil überall Geldscheine herumlagen, was auf Flucht hindeute. – Kalle! Kalle hat ihn gesehen.
Vielleicht hat er ihm gedroht. Wollte ihn erpressen. Ja, so muss es gewesen sein. Kalle, dieser Idiot, der wohl gehofft hat, auf diese Weise Ronnys Kohle wiederzukriegen. Und dafür schließlich auch erstochen wurde.
Von der Kröte.

Ich wette, der war's.
Ja klar!
Wie auch, hat er gesagt, letztens vor dem Buchladen, als ich ihm sagte, dass ich nicht mehr bei Ronny wohn. Der wird sich denken können, dass ich die Zusammenhänge tick.
Der hat mich gesucht.
Fast hat er mich gehabt.
»Wilmerscheid, ich kann hier nicht weg.«
Er nimmt mir die Zeitung aus der Hand.
»Kennst du den?«, fragt er und zeigt auf den Artikel.
Ich senke den Kopf und schweige.
»Und jetzt hast du Schiss?«
Ich nicke.
»Warum gehst du nicht zur Polizei?«
»Würdest du das tun?«
»Nee. Ich nicht. Mir glauben die sowieso nix. Und wenn, ist es denen doch egal, wenn ich auch noch abgestochen werde.«
»Siehste«, sag ich.
Das ist es doch. Der Unterschied zwischen Himmel und Hölle ist, dass oben die leben, die allen wichtig sind und unten die, für die sich niemand interessiert.
Außer so Leute wie Abel. Die fasziniert sind von einem Mädchen mit narbiger Haut und einem Baby im Bauch. Die nicht nachfragen, weil es sie nicht interessiert. Weil sie den Schmerz nicht mittragen wollen, sondern einfach nur zuschauen. Er hat meine Narben gestreichelt und *dich* und gleichzeitig darüber nachgedacht, wie er sein nächstes Bild gestaltet. Dieses Arschloch!
Aber wenigstens hat er versucht, mich zu bezahlen, indem

er mir ein Almosen vor die Füße geschmissen hat: Eine Ausstellung mit ihm zusammen. Er hat diese Gabi gefickt und gesagt: »Aber dann musst du die bunten Bilderchen von meiner Freundin auch ausstellen.« Und dann hat sie ja gesagt und er hat sie gleich nochmal ganz toll gefickt.
So gehen die himmlischen Geschäfte.
Aber das interessiert mich nicht mehr.
Ich muss sehen, wie ich meinen Hals rette. Und das kann ich nur, indem ich mich verstecke. In den Parkbüschen bei Wilmerscheid bleibe.
»Ich kann nicht ewig für uns beide betteln«, sagt er. »Es reicht ja nicht mal immer für mich.«
»Dann ess ich eben bloß diese Brötchen«, sage ich.
Er sieht mich nur an und meinen Bauch und ich weiß, er akzeptiert es nicht.
Bei ihm bin ich nicht sicher.
Ich bin allein.
Nur mit dir.

Ich bin wieder am Anfang. Es hat sich nichts geändert. Im Gegenteil. Alles ist noch viel schlimmer geworden.
Jetzt gibt es keinen Ronny mehr. Keinen Kalle.
Ich habe es versucht. Aber es hat nicht geklappt.
Keiner kann seinem Schicksal davonlaufen.
Ich bin nicht Govinda, Siddhartha oder Krishna. Ich bin Kamala, die Hure.
Ich habe mich verkauft.
Nicht für Geld. Sondern für Liebe.
In Wahrheit habe ich einen Scheißdreck bekommen.
Und dich.

Wenn Mutter jetzt meinen Bauch sieht, kann sie mich nicht wieder wegschicken.
Sie tut es trotzdem.
»Ich hab deine Sachen verkauft«, sagt sie.
Diesmal lässt sie mich ins Wohnzimmer. Dort gibt es das abgewetzte, durchgelegene Schlafsofa nicht mehr. Das steht jetzt in meinem Zimmer.
Für meinen CD-Player, den Ronny mir mal geschenkt hat, hat sie noch zwanzig Euro gekriegt.
Ich stürze auf sie los und hämmere mit den Fäusten auf sie ein.
»Du bist eine richtige Scheißmutter!«, kreische ich.
Es tut gut und weh zugleich.
»Sag mir wenigstens endlich, wer mein Vater ist. Ob das auch so ein Scheißtyp gewesen ist.«
»Das kannst du laut sagen«, erwidert sie.
Sie packt mich an den Handgelenken und schubst mich aufs Sofa.
»Der hat mir sonst was versprochen. Sonst gäb's dich nämlich gar nicht. Dann hätte ich dich noch weggemacht.«
Plötzlich sackt sie in sich zusammen wie ein Häufchen Elend.
»Du hast alles versaut«, sagt sie. »Und dein Blag wird es genauso machen.«
»Nicht, wenn du uns hier lässt«, sage ich. »Bitte. Du könntest dich um ihn kümmern. Und ich würde mir was suchen. Arbeiten.«
Ich jaule und bettle, dabei weiß ich selbst, dass es sinnlos ist. Ich kann gar nicht arbeiten. Ich kann nicht mal hier bleiben. Ich muss verschwinden, damit die Kröte mich nicht findet.

Mutter schüttelt stumm den Kopf.
»Nur die eine Nacht«, sage ich heulend. »Ich weiß nicht, wo ich schlafen soll.«
»Nein.«
»Dann sag mir, wo ich meinen Vater finde.«
»Nicht hier.«
»Wo?«
»Der ist abgehauen, weggezogen. Keine Ahnung, wohin. Ich hab ihn gesucht, monatelang. Jetzt ist es mir egal.«
»Und ich? Bin ich dir auch egal?«
»Völlig«, sagt sie und dreht sich zur Wand. »Und jetzt verschwinde. Ich habe keinen Platz für dich.«
»Du hast kein Herz«, sage ich.
Und schließe die Tür hinter mir.

Ich hasse dich, denke ich, während ich die Treppen wieder runterlatsche.
Ich hasse, hasse, hasse dich.
Wie kann sie das tun?
Wie kann sie mich anschaun – mich, ihr Kind – und einfach wegschicken, obwohl sie weiß, dass ich niemanden hab. Obwohl ich sie angebettelt habe, fast auf Knien vor ihr rumgerutscht wäre.
Sie hat mich geboren!
Warum hasst sie mich dafür, dass dieser Scheißtyp von meinem Vater sie im Stich gelassen hat?
Was kann ich dafür?

Ich hab ein Kind im Bauch und keinen Pfennig, um mir was zu essen zu kaufen.
Ich kann mich nicht irgendwo hinhocken wie Wilmer-

scheid und meine Hand aufhalten, weil ich es nicht riskieren kann, dass die Kröte mich findet.
Und zu Hedy kann ich auch nicht zurück.

Wieso eigentlich nicht?

Als ich vor ihrer Tür stehe, weiß ich wieso.
Weil ich es nicht schaffe zu klingeln.
Weil ich es nicht hinkriege, sie anzubetteln.
Sie ist mir nichts schuldig. Ich habe Janis gerettet und als Gegenleistung habe ich bei ihr gewohnt und ihr meine Meinung gesagt.
Wir sind quitt.
Ich habe nichts mehr zu verlangen.

Ich könnte zu Abel und ihn bitten, aber dafür bin ich zu stolz.

Er hat mich mehr verletzt als Ronny.
Das mit Abel war echte Hoffnung.
Okay, es war auch ein Fehler. Aber Ronny hat nie etwas getan, das ich nicht irgendwie erwartet hätte.
An ihn hab ich mich trotzdem gehängt.
Abel sollte mein neues Leben sein.

Es war nichts weiter als ein Riss im Hirn.
Selber Schuld, Kam. Du hast dich eben geirrt.
Hast gedacht, dass es den Himmel auf Erden gibt.
Für so eine wie dich, die aus der Gosse kommt? – Nee!
Für so eine doch nicht.

Du bist jedem ein Klotz am Bein.
Nicht mal der Tod wollte dich.
Und alle, die sich jemals um dich gekümmert haben, haben dich entweder getreten, gefickt, für ihre Zwecke gebraucht oder ihre verdammten Schuldgefühle an dir ausgelebt.
Vielleicht bist du ja nur dafür zur Welt gekommen. Damit die anderen sich an dir abreagieren können.
Vielleicht solltest du einfach ins *La Poême* gehen und dich vor die Kröte stellen und sagen: »Hi, hier bin ich. Stich mich doch ab.«
Vielleicht nimmt der Tod dich nur so. Serviert sozusagen. Serviert und gefüllt wie eine Weihnachtsgans im Sommer.

In meinem Kopf tobt das Chaos. Ich stolpere durch die Straßen und bin so konfus, dass ich überhaupt nicht mehr weiß, was ich tun soll. Außer leben.
Ja, ich will leben. Plötzlich ist so ein Trotz in mir.
So eine Wut.
Ich will mich nicht ausliefern.
Nicht der Kröte.
Nicht Ronny.
Nicht Abel.
Nicht Mutter.
Nicht Hedy.
Und auch nicht dir.

Diese Wut macht mich stark. Es ist ein fremdes Gefühl, aber auch irgendwie eins, das total echt ist, so als ob es schon immer zu mir gehört hätte und ich bloß nicht wusste, dass es so ist.
Es ist so ein Ich-Gefühl.

Neben mir an der Haltestelle hält eine Bahn. Ich steige ein und fahre bis zum Bahnhof. Dort springe ich in die S-Bahn. In irgendeine. Hauptsache weg.
Ich fahre raus. Raus aus der Stadt.
Ich werde so lange fahren, bis ich irgendwo ankomme.
Wie auch immer.
Wenn es Annes Gott gibt, und der irgendwo so etwas wie ein Gerechtigkeitsgefühl hat, wird er mir eine Chance geben. Dann wird er mich beschützen und mich irgendwo ankommen lassen, wo ich leben kann.

Aber es gibt keinen Gott. Oder er ist nicht gerecht, dieser Scheißkerl!
An der nächsten Halte seh ich die Kröte auf dem Bahnsteig und ich weiß, er kommt in den Zug. Das Schicksal wird sich erfüllen.
Panik kriecht mir in die Brust. Macht alles ganz eng.
Ich springe auf und will raus, da sieht er mich.
Er läuft auf meine Tür zu und ich geh wieder zurück in den Zug, will mich durch die Leute zum nächsten Ausgang quetschen. Aber die lassen mich nicht durch. Diese Arschlöcher! Die sehen doch, dass ich schwanger bin!
Ich könnte zwischen denen krepieren, ich bin sicher, die würde das nicht interessieren. Die würden wahrscheinlich nur schreien: »Iiiih, eine Leiche!«
Ich bin eingeklemmt, als der Zug wieder losfährt, und die Kröte ist drin, irgendwo hinter mir. Vielleicht drei Meter, vielleicht nur einen.
Mein Herz rast.
Ich krieg keine Luft mehr.
Durch meinen Unterleib rast ein Stich.

Ich trete dem Typ mit der feinen Hose gegen's Schienbein.
»Bist du bescheuert!«, schreit er. »Was soll das?«
Ich krümme mich zusammen.
Der Schmerz ist so stark, dass ich fast ohnmächtig werde.
»Lassen Sie das Mädchen doch durch«, sagt eine Frauenstimme. »Sehen Sie denn nicht, dass sie in anderen Umständen ist?«
»Das ist doch noch lange kein Grund, mich zu treten. So einer wie der sollte man das Kinderkriegen verbieten. Was soll denn dabei rauskommen? Dabei kann doch nichts rauskommen.«
Dadurch dass die sich streiten, wird es irgendwie freier. Bis zum nächsten Halt kämpfe ich mich bis zur Tür, guck noch auf die andere, ob die Kröte da aussteigt und renne einfach los in die entgegengesetzte Richtung.
Der Schmerz ist wie weggeblasen, aber ich krieg kaum Luft.
Haste die Rolltreppe rauf, verstecke mich zwischen irgendwelchen anderen Arschlöchern, renne weiter durch den Bahnhof, raus auf die Straße.
Keine Ahnung, wo ich überhaupt bin. Ich hab ja nicht mal auf die Richtung geachtet, in die ich gefahren bin.
Ich renne einfach weiter. Bis ich nicht mehr kann, mich an eine Hauswand lehne und verschnaufe.
Die Leute gehen an mir vorbei, beachten mich nicht, verstreuen sich.
Um mich herum ist alles sauber und kleinstädtisch. Zwei- bis dreistöckige Häuser, ein paar Läden, ein Friseur, eine Sparkasse.
Allmählich kann ich wieder atmen, aber der Schmerz kommt auch zurück.

Gewaltsam. Anders als die Prügel, die ich von Ronny bezogen hab. Das war Gewalt von außen.
Dies ist Gewalt von innen.
Du schlägst mich.
Du trittst mich.
Du quälst mich.
Und dann ist da auf einmal wieder die Kröte.
Hat sich irgendwie angeschlichen, dieses fiese, grünäugige, schleimige Vieh. Bis auf ein paar Schritte an mich heran. Dann bin ich auf sein Keuchen aufmerksam geworden. Gerade noch rechtzeitig.
»Ich hab doch gesagt, du entkommst mir nicht.«
Er hat etwas in der Hand. Etwas Metallisches. Blinkendes.
Ich stoße mich von der Wand weg und renne weiter. Ein Stück die Straße runter, immer seine Schritte im Ohr.
Der Schmerz kommt und geht. Irgendwas in mir zerreißt. Dann ist meine Hose klatschnass.
Himmel, ich hab mich noch nie eingepisst. Wieso hab ich das nicht gemerkt?
Zwischen zwei Häusern ist ein Spalt. Einen halben Meter breit. Rasen. Dahinter Gestrüpp.
Ich denke nicht nach, ich schlüpfe hinein. Gehe auf alle viere runter, krieche unter das Gestrüpp. Verkrieche mich hinter Blättern und Zweigen, habe harte Wurzeln unter meinen Knien, spüre sie fast gar nicht.
Ich lausche zur Straße, spähe angestrengt durch die Blätter. Gleich muss sie kommen, die Kröte.
Und sie kommt, bleibt vor mir stehen, glotzt in den Spalt. Guckt mir in die Augen.
Hinter mir geht's nicht weiter.

Mein Herz bleibt stehen.
Der Schmerz kommt mit aller Macht. Ich schließe die Augen und stöhne auf.
Leise.
Leise genug.
Die Kröte hat mich nicht gesehen. Er geht weiter.

Der Tod hat mich immer noch nicht gewollt.
Um mich zu retten?
Oder um mich noch länger leiden zu sehen?

Ich drehe mich um und ziehe mich tiefer in das Gestrüpp.
Der Boden ist hart. Trocken. Es hat tagelang nicht geregnet.
Aber der Schatten ist angenehm.
Ich liege halb auf der Seite, das Gesicht im Gras.
Du trittst wieder zu und ich beiße in eine Wurzel, um nicht laut aufzuschreien. Damit die Kröte mich nicht doch noch hört.
Irgendwann wird er zurückkommen. Ganz klar. Wenn er gecheckt hat, dass er an mir vorbeigelaufen ist.
Die Schmerzen werden immer heftiger. Sie kommen in Wellen und ich habe nur wenig Zeit zu verschnaufen. Und allmählich checke ich auch was:
Du trittst mich nicht, du willst raus.
Raus, in diese Welt.
Paul, von Abel, den niemand will.
Du drückst wie verrückt und ich beiße weiter in meine Wurzel.
Ich merke, wie du runterrutschst.
Ich presse die Beine zusammen.

Ich will dich nicht, verdammt!
Andererseits bin ich froh, wenn du endlich aus mir raus bist.

Dann habe ich keine Verschnaufpause mehr.
Meine Hose ist im Weg.
Ich stöhne und versuche sie runterzuzerren.
Gebären ist auch nichts anderes als Scheißen hat Mutter mal gesagt. Nur leider ist hier kein Klo, in das man rein kacken und dann einfach abspülen kann.
Ich bin erschrocken über diesen Gedanken. Aber was bleibt mir denn? Ich hab doch keine Wahl.
Ich hab nie eine gehabt.
Das Leben hat nur so getan. Hat mit mir gespielt.
Jetzt kann ich bloß noch meinen Hals retten. Wie auch immer.

Der Druck ist so stark, dass ich meine Beine öffnen muss. Ich fasse an meine Möse und spüre was Hartes. Dann fange ich an zu drücken. Etwas flutscht aus mir raus.
Du.
Paul.
Nicht Paul.
Egal!
Ich seh dich nicht an. Taste nur einfach, fühle deinen Kopf, deine Schultern. Klemme meine Hände dazwischen.
Ich bin nicht deine Mutter.
Du hast dich geirrt.
Meine Hände drücken ganz fest.
Ich spüre, dass ich heule.
Gleich ist es vorbei.

Du machst ein Geräusch. Ein ganz kleines Geräusch. Du fängst an zu zappeln. Dann brüllst du los. Verdammte Scheiße, warum hab ich bloß nicht fester gedrückt! Noch fester.
Ich bin unfähig.
Ich bin sogar unfähig dich nicht zu wollen.
Du musst endlich aufhören zu schreien.
Meine Finger suchen deinen Mund. Sie finden ihn nicht. Ich drehe gleich durch, drehe meinen Kopf, *sehe dich.* Für eine Sekunde nur. Aber das reicht vollkommen.
Zusammengekniffene Augen, winzige Nase, gelb-rote schmierige Haut, lange schwarze Haare, ein weit aufgerissener Mund, Fäustchen, die sich hektisch auf und ab bewegen, so als wollten sie mich boxen.
Ich hasse dich.
Und spüre die Tränen, die mir aus den Augen fließen.
Wie kann ich das tun?
Wie kann ich dich anschaun – dich, mein Kind – und einfach wieder wegschicken, obwohl ich weiß, dass du jetzt nur diese eine Chance hast. Warum hasse ich dich dafür, dass meine eigene Scheißmutter mich im Stich gelassen hat?
Was kannst du dafür?
Wo du dir eine solche Mühe gegeben hast, so fertig auszusehen.
Ich hab nicht gewusst, dass Babys so perfekt sind.

Ich nehme dich hoch, lege dich an meinen Hals.
Du bist so winzig.
So hilflos.
Viel hilfloser als ich.

Dein Köpfchen wackelt in meiner Halsbeuge hin und her und dein Gebrüll wird immer lauter.

»Schsch.«

Ich ruckel dich auf und ab. Dann spüre ich deinen Mund an meinem Hals. Du saugst so fest und plötzlich ist mir klar, was du willst. Kaum, dass du auf der Welt bist …

Ich schiebe meinen Pulli hoch und drücke dein Gesicht gegen meinen Busen. Du wackelst und ächzt und deine Fäustchen kämpfen wie verrückt.

So viel Anstrengung für ein bisschen Nahrung.

So viel Anstrengung, um zu überleben.

Du saugst dich fest. Nur für ein paar Sekunden. Dann sinkt dein Köpfchen nach hinten. Du bist eingeschlafen.

So schnell. Kaum, dass du etwas getrunken hast.

Ich betrachte dich. Dein knubbeliges kleines Näschen. Deinen winzigen Mund. Das kleine runde Gesicht. Du siehst so friedlich aus. So als ob du überhaupt nichts mitgekriegt hast. Nicht von Ronny und seinen Schlägen. Nicht von Mutter und ihrer Gleichgültigkeit. Nicht von mir und meinem Hass auf dich. Dieses ganze Elend.

Ich wollte dich nicht.

Das musst du doch gespürt haben.

Ich bin sicher, dass du es wusstest.

Und jetzt?

Jetzt hat es dir gereicht, dass du einen Schluck aus meiner Brust trinken durftest.

Das macht dich sicher, dass ich für dich sorge.

Ja, so muss es sein.

Ich bin überwältigt von so viel Vertrauen. Trotz alledem. So viel Vertrauen.

Ich werde dich nicht enttäuschen.

Leander.

Ja, so werde ich dich nennen.
Das ist ein feiner Name. Einer, mit dem man leben kann. Mit dem alles offen ist und mit dem man jede Chance hat. Egal, was er bedeutet, einfach nur, weil er schön ist.
Ich streiche mit dem Finger über deine Wange. Dann lege ich dich vorsichtig auf den Boden. Nur einen Moment, um mir die Hose hochzuziehen. Die Nabelschnur hängt mir aus dem Hosenbund.
Tiere beißen sie durch.
Ich trau mich das nicht.
Ich nehm dich wieder hoch, schieb dich unter den Pulli und krieche aus dem Gebüsch.
Erst jetzt fällt mir auf, dass ich die Kröte total vergessen hatte.
An der Ecke lehne ich mich mit der Schulter eng gegen die Hauswand und schaue die Straße rauf und runter. Es ist nicht viel los. Was ein Glück!
Von der Kröte ist keine Spur zu entdecken.
Ich werde ihn anzeigen.
Ich werde zur Polizei gehen und denen erzählen, dass ich Ronny und Kalle gekannt hab und wie alles gewesen sein könnte.
Die müssen die Kröte einbuchten.
Er darf mir jetzt nichts mehr tun. Weil du mich brauchst.
Ich drücke dich an mich und laufe los. Zurück in Richtung Bahnhof.
Mein Bauch verkrampft sich wieder. Ich bleibe stehen und stöhne. Etwas fällt mir in die Hose. Es wird nass und warm zwischen meinen Beinen.
Ich kann unmöglich mit der S-Bahn zurück.
Trotzdem laufe ich weiter, drehe mich immer wieder um, ob die Kröte wieder hinter mir ist.
Vielleicht ist er ebenfalls zurück, als er mich nicht gefunden hat und lauert in der Halle oder auf einem Bahnsteig auf mich.

Ich schleppe mich zu den Taxis. Früher hätt ich mich das nie getraut, ohne Geld.
Ich öffne die Beifahrertür. »Können Sie mich mitnehmen?«
Der Fahrer guckt mich an.
»Was hast du da? Unter dem Hemd …«
Ich schieb den Pulli hoch und zeig ihm deine Füßchen.
»Ich hab aber kein Geld.«
Er wird ganz blass. Aber er nickt. »Okay, bis zum nächsten Krankenhaus.«
Das will ich nicht.
Ich will nicht, dass mich alle löchern. Und auch nicht, dass sie dich mir wegnehmen. Bestimmt fragen sie Mutter und die schiebt dich ab in ein Heim.
»Ich muss in die Stadt. Zu Doktor Baschwitz. Es ist dort direkt am Bahnhof.«
Der Fahrer schüttelt den Kopf. »Helfen okay«, sagt er. »Aber ich bin kein Wohltätigkeitsunternehmen.«
»Das ist keine Hilfe, wenn Sie mich ins Krankenhaus bringen.«
Er zuckt die Schultern. »Tut mir Leid.« Er sieht allerdings nicht so aus, als wenn er es wirklich bedauert.
»Kommen Sie«, sagt ein anderer hinter mir. »Ich fahre Sie, wenn Sie wollen.«
Es ist ein feiner älterer Herr mit hellem Hut und weißer Haut. Er lächelt. Er sieht freundlich aus.
Ich muss ihm vertrauen. Ich hab keine Wahl.
Diesmal wirklich nicht.
Er legt mir die Hand auf den Rücken und führt mich zu einem kleinen dunkelblauen Auto. Blitzblank geputzt. Die Sitze hellbeige und tipptopp in Ordnung.
»Setzen Sie sich nur«, ermuntert er mich. »Ich hab nichts zum Unterlegen. Aber darauf kommt es jetzt nicht an.«

Er fragt nicht viel. Nur, ob ich Verwandte hab oder Freunde.
»Hatte ich mal«, sage ich. »Hedy und Janis. Aber die hab ich bloß enttäuscht.«
Er schaut mich von der Seite an. Es kommt mir so vor, als ob er lächelt.
»Und dieser Arzt?«, will er wissen. »Doktor Baschwitz?«
»Bei dem war ich mal«, sage ich. »Am Anfang.«
Der alte Herr nickt.
»Der wird bestimmt froh sein, dass Sie das Kind geboren haben.«

Als wir ankommen, schläfst du immer noch. Unglaublich. Diese Geburt muss dich total erschöpft haben.
Diesmal gehe ich nicht über den Hof, sondern ganz offiziell zum Praxiseingang.
Der alte Herr wartet, bis die Grünäugige öffnet. Sie guckt mich an und dann auf meine Arme, die dich umschlungen halten.
»Komm rein«, sagt sie. »Ich freu mich, dass du durchgehalten hast.«
Ich hatte keine Wahl, denke ich.
Leander, du hast mir keine gelassen. Aber diesmal bin ich nicht böse drum.

»Ein schönes Kind.« Doktor Baschwitz lächelt mich an. »Und völlig gesund ist er auch, dein Leander.«
Sie haben dich gebadet und gewogen und untersucht. Die Grünäugige hat mich gewaschen und die ganze Zeit hab ich zu dir rübergeschielt und dich unendlich vermisst.
»Willst du in dein altes Zimmer zurück?«, fragt Doktor Baschwitz. »Es ist zufälligerweise gerade frei.«

Sie haben mich hingebracht, ins Bett gepackt, dich zu mir gelegt und uns zugedeckt.
Ich bin sofort eingeschlafen.

Ich träume wirres Zeug. Von Pinselstielen, die Blumenbilder zerstechen. Aber es gibt unendlich viele Bilder und irgendwann verliert der Pinselstiel seine Kraft und gibt erschöpft auf.
Und ich träume von dicken fetten Kröten, die in ihrem eigenen Schleim ersaufen.

Als ich aufwache, ist alles hell um mich herum. Ich spüre deine kleinen Fäustchen auf meiner Haut. Das steife, weiße Hemd, das die Helferinnen mir übergezogen haben, ist vorne aufgegangen.
»Ich glaube, er hat Hunger«, sagt die Grünäugige.
Sie setzt sich zu mir auf die Bettkante.
»Hast du ihn schon mal saugen lassen?«
Ich nicke, drehe mich auf die Seite und ziehe dich an meine Brust.
Die Grünäugige lächelt.
»Es geht wie von selbst. Das ist das Vertrauen ins Leben, das jedes Leben hat.«
»Ich nicht.«
»Du auch«, sagt sie. »Immerhin hast du Leander geboren.«
»Es ist passiert, was hätte ich denn tun sollen?«
»Als wir dich damals weggeschickt haben, da sind wir davon überzeugt gewesen, dass er keine Chance hat. Dass du …« Sie stockt und starrt auf ihre Hände. »Er hatte wohl einen besonderen Schutzengel.«
»Er hatte drei«, sage ich.
Janis, Hedy und Abel.

Jeder auf seine Weise.
Und deshalb hass ich Abel auch nicht mehr.
Er hat seine Rolle gespielt.
Die Grünäugige schaut auf dich, streicht dir über die Wange.
»Du musst die Brust wechseln«, sagt sie. »Am Anfang kommt nur die Vormilch. Das ist noch nicht so viel. Du musst die Produktion in beiden …«
»… Eutern ankurbeln?«, sage ich grinsend.
»Du bist doch keine Kuh«, sagt sie.
»Mir völlig egal, was ich bin«, sage ich. »Ich bin einfach …«
»Hast du etwa dieses Buch gelesen? Von Hermann Hesse?«
»Den *Siddhartha*?« Ich schüttel den Kopf. »Nicht richtig. War mir zu schwierig.«
»Oder nicht nötig«, sagt sie. »Ich bin übrigens Evelyn.«

Zwei Tage später schießt die richtige Milch ein. Meine Titten schwellen an zu steinharten Bällen. Es tut wahnsinnig weh. Aber das überleb ich auch noch.
Doktor Baschwitz schaut jeden Tag nach uns. Und Evelyn streicht mir die Milch aus, die du nicht schaffst und füttert mich mit allem, was ich essen will.

Ich habe alle Zeit der Welt.
Ich sehe dir dabei zu, wie du schläfst. Und wie dein kleines Gesichtchen immer runder wird.
Ein bisschen siehst du aus wie Ronny. Aber deshalb musst du nicht so werden wie er. Ich werde darauf achten.
Ich kann etwas tun.
Ich kann schauen, dass du einer wirst, der die Menschen achtet.

Ich bin glücklich.
Jetzt.
Einfach so.
Ohne zu wissen, was wird.
Aber es ist immer irgendwie weitergegangen, mal beschissen, mal schön, mal besser, mal schlechter.
Ich bin erst siebzehn und hab schon fast alles durch.
Was kann mir noch passieren!

Zum Beispiel, dass Hedy kommt.
Eines Tages steht sie einfach da.

Juli

Mitten im Sommer. Du bist knapp zwei Wochen alt. Und ich liege da und starre sie an.
»Ich bin ja so froh, Kam«, sagt sie. »Ich dachte, du packst es nicht.«
»Ach«, sage ich. »Um so jemanden wie mich macht nicht mal der Tod Tamtam.«
Einen Moment lang sehen wir uns an. Dann muss ich grinsen.
»Zum Glück«, sagt Hedy.
Ja.
Wer hat schon einen gelangweilten Tod als Schutzengel?
Ich muss etwas Besonderes sein.
Hedy hockt sich zu mir auf die Bettkante.
»Ich hab einen Brief von Abel.«
»Für mich?«
Sie nickt.
»Ja, für dich. Ich trage ihn seit zwei Wochen mit mir herum.«
»Wie hast du mich überhaupt gefunden?«
»Du wirst es nicht glauben«, sagt Hedy. »Durch meinen Vater.«
»Was?«
Ist ja unglaublich, was manche Leute für einen Einfluss haben! Aber in diesem Fall ist die Erklärung ganz einfach.
»Der alte Herr, der dich hierher gefahren hat, ist ein guter Freund meines Vaters. Er hatte letzte Woche Geburtstag …«

»Der alte Herr?«
Hedy lächelt. Legt mir eine ihrer großen Hände auf den Arm.
»Nein, mein Vater.«
Sie stupst dich sachte auf die Nase.
»Hübsch ist der. Wie heißt er denn?«
»Leander.«
»Wie poetisch!«, sagt Hedy. »Weißt du, was er bedeutet?«
Ich schüttel den Kopf.
»Namen haben keine Bedeutung.«
»Aber klar doch.«
Ich sehe Hedy in die Augen.
»Ich heiße Kamala. Aber ich bin keine Hure. Ich bin einfach nur ich.«
»Und ich?«, fragt Hedy.
»Du bist Hedy«, sage ich.
Sie lacht. »Bist du etwa vom *Siddhartha* so weise geworden?«
Schon die zweite, die mich das fragt.
»Ich habe das Buch gar nicht richtig gelesen.«
»Dann war's Leander«, sagt Hedy.
Ich gebe ihr Abels Brief zurück.
»Ist doch egal«, sage ich.
»Willst du ihn wirklich nicht lesen?«
»Nein.«
»Aber es könnte wichtig sein.«
»Auf einmal. Ich denke, es hat dir nicht gefallen, dass Abel und ich …«
»Hat es auch nicht.«
»Es war okay«, sage ich.
»Ich weiß«, sagt Hedy. »Es war auch okay, dass ich dich kennen gelernt habe.« Sie lächelt. »Wer hätte mir sonst die Meinung sagen sollen? Auf meinen Vater höre ich nicht. Auf Carlo erst recht

nicht. Und Abel nimmt mich so wie ich bin.« Sie seufzt leise und guckt gegen die Zimmerdecke. »Alle nehmen mich so … Als ob das in diesen Kreisen so üblich wäre … bloß nicht anecken.«
Sie schaut mich wieder an.
»Du bist da ganz anders, Kam. So direkt. Das gefällt mir.«
»Wenn du wüsstest«, sage ich.
Dass ich meine Mutter angeschrien habe, dass ich ihre Möbel voll gemalt habe, dass ich alles hätte sagen können und immer eins aufs Maul gekriegt hätte … In meinen Kreisen …
»Ja«, sagt Hedy. Sie nimmt meine Hände in ihre großen. »Ich weiß viel zu wenig von dir. Ich … ich hab nicht gefragt, weil … Natürlich hab ich die Narben gesehen. Die auf deiner Haut und die in deinen Augen, aber …«
Ihre Hände sind warm. Nicht nur von der Temperatur. Es ist eine Wärme, die ich auch in Abels Händen gespürt habe. Eine Wärme, die fließt. Von einem Körper in den anderen.
Abels Wärme hab ich bis in mein Herz gelassen.
Trotzdem ziehe ich meine Hände nicht zurück.
»… es ist in deinen Kreisen nicht üblich, darüber zu reden«, sage ich.
Hedy senkt ihren Blick.
»Du hast ja keine Ahnung, wie sehr ich mich schäme«, sagt sie leise. »Und wie sehr ich mir wünsche, dass du wieder zurückkommst.«
Mit einem Schlag ist die Wärme überall. Fast zucke ich zurück. Aber dann spüre ich, dass nicht nur von ihr was fließt, sondern dass auch in mir was ist. Das, was ich für Leander fühle, das ist auch für Hedy da.
Und für mich.
»Du hast mich auf eine Idee gebracht«, sagt Hedy. »Ich … ich möchte was mit Kindern machen. Mit behinderten. Oder

solchen, die auf der Straße leben. Weißt du, es geht mir so auf den Geist, nutzlos zu sein.«

»Wieso denn?«, sage ich. »Du kümmerst dich um Janis.«

»Ja, aber nicht so, wie es sein sollte. Ach, Kam, es ist so verdammt schwierig, eine gute Mutter zu sein und wirklich zu sehen, was richtig für ihn ist.«

Es reicht doch völlig, wenn du ihn nicht schlägst.

Wenn du ihn einfach liebst.

Er weiß doch, was richtig für ihn ist.

Ich habe es für mich auch gewusst. Damals, als ich so alt war wie er.

»Verstehst du, Kam, ich will ihn wachsen lassen. Ich will ihn nicht behindern, nur weil er eine Behinderung hat. Das ist doch nicht das, was zählt, diese Prothese.«

Ich nicke.

Natürlich verstehe ich sie.

Klar sehe ich die Parallelen zwischen ihrer Welt und meiner. Himmel und Hölle sind eins. Auch eine Prothese kann ein Schlag ins Gesicht sein.

Ich werde zu Hedy zurückgehen. Ich freu mich richtig drauf.

Ich werde all das erledigen, was zu erledigen ist. Auch das mit der Kröte. Gleich, wenn ich hier raus kann, geh ich zur Polizei.

Mutter will ich nicht wiedersehen.

Nie mehr.

Ich weiß nicht mehr, ob ich sie liebe oder hasse. Es ist auch egal.

Ich brauche sie nicht.

Nicht mehr.

Ich bin jetzt deine Mutter.

Und Kam. Kamala.

Hedy hat Abels Brief doch dagelassen. Ich hab's zuerst gar nicht gemerkt.
Mein Herz klopft wie verrückt, als ich ihn aufreiße.
Ein Zettel fällt auf meine Bettdecke.
Gruß, Abel, steht da.
Mehr nicht.
Und ein Scheck über dreihundertachtzig Euro. Von der Galerie, in der meine Bilder hängen.
Zuerst fege ich ihn vom Bett, weil ich das Geld nicht will unter diesen Umständen. Abel fickt Galeristin, damit sie seine und meine Sachen ausstellt.
Doch dann seh ich in dein Gesichtchen, wie du da schläfst auf meiner Bettdecke, die kleinen Fäuste neben deinem Kopf.
So friedlich.
So voller Vertrauen, dass ich für dich sorge.
Und dann denke ich, dass jemand das Bild gekauft und bezahlt hat. Ein Bild von mir. Eine meiner Blumen. Etwas, das ich ganz allein geschafft habe. Für das ich mich von niemandem schlagen oder vögeln lassen musste.
Es hat jemand gekauft, weil es ihm gefallen hat.
So einfach ist das.
Vorsichtig, damit du nicht aufwachst, schiebe ich meine Füße unter der Bettdecke hervor.
Ich hebe den Scheck vom Boden auf und lege ihn in die Nachttischschublade.
Ich sehe dich an und auf einmal spür ich diesen Frieden in mir.
Dieser Frieden, der von dir kommt.
Von diesem Vertrauen ins Leben.

Darf man einen Skinhead lieben?

Skins haben Majos beste Freundin vor der Disco brutal zusammengeschlagen. Während Sahar im Krankenhaus liegt, findet Majo auf dem Parkplatz einen Ausweis. Er gehört Falko. Falko, der schüchterne, zurückhaltende Junge, den sie von früher kennt. Der immer alles einstecken musste. Und der jetzt selber Prügel austeilt. Ohne zu wissen, warum, ruft Majo ihn an ...

Patricia Schröder
Scheiß Glatze, ich lieb dich
Band 80417

generation

fi 80417 / 1

Buongiorno, Italia

»Die größten Abenteuer finden im Kopf statt«, sagte unsere Lehrerin immer. Prima Hinweis, vielen, vielen Dank, aber das wussten Giulia und ich schon lange. Wir wollten richtige Abenteuer erleben, wie im Kino. Etwas Aufregenderes als öde Sommerferien. Dafür muss man schon mal Oma und Mutter anschwindeln, sich neue verruchte Namen zulegen und an der Autobahn den Daumen hochhalten. Unser Ziel war Italien, ganz in den Süden. Und am Anfang klappte alles auch bestens. Am Anfang ...

Birgit Stobbe
Mehr Glück als Verstand
Per Anhalter in den Süden
Band 80493

generation

fi 80493 / 1

In den Klauen einer Sekte

Hannah ist 15 Jahre alt und Zeugin Jehovas. Früher fühlte sie sich geborgen in ihrer Religionsgemeinschaft. Doch jetzt verspürt sie den Wunsch auszubrechen, normal zu sein wie die anderen auch. Besonders, als sie Paul kennen lernt und sich in ihn verliebt. Hannah fordert ihre Freiheit ein – und plötzlich werden die Grenzen ihrer einst so behüteten Welt zu unüberwindbaren Mauern. Ob sie den Mut zum Ausbruch findet?

Jana Frey
Das eiskalte Paradies
Ein Mädchen bei den Zeugen Jehovas
Band 80420

generation

fi 80420 / 1

fi 80504 / 1